기도와 사랑에 빠져라

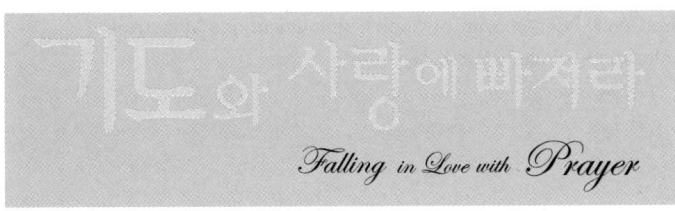

마이크 맥킨토시 지음

베드로서원

Falling in Love with Prayer

Copyright © 2004 by Mike MacIntosh
NexGen® is an imprint of Cook Communications Ministries,
Colorado Springs, CO 80918

기도와 사랑에 빠져라

초판 1쇄 발행	2005. 11. 03.	
4쇄 발행	2016. 05. 02.	
저 자	마이크 맥킨토시	
펴낸이	방주석	
내는곳	베드로서원	
주 소	경기도 고양시 일산동구 고봉로 776-92	
전 화	031) 976-8970	
팩 스	031) 976-8971	
이메일	peterhouse@daum.net	
출판등록	2010년 1월 18일(제59호) / 창립일 1988년 6월 3일	
ISBN	978-89-7419-215-0 03810	

책값은 뒤표지에 있습니다.

베드로서원은 말씀과 성령 안에서 기도로 시작하며
영혼이 풍요로워지는 책을 만드는 데 힘쓰고 있으며,
문서선교 사역의 현장에서 세계화의 비전을 넓혀가겠습니다.
나의 힘이신 여호와여 내가 주를 사랑하나이다
(시 18:1)

◆

나의 사랑하는 어머니
오스본(R. L. Osborn) 여사에게
이 책을 바칩니다.
90세의 연세에도 여전히 기도하시는 어머니,
한결같은 어머니의 기도가 나로 하여금
영혼의 전투에서 승리하게 해주십니다.

◆

CONTENTS

감사의 글
서문 (프랭클린 그래함(Franklin Graham))
서론 : 기도, 그 장엄한 모험

1. 기도의 놀라운 특권 … 19
2. 왕과 대화하기 … 31
3. 기도를 할 것이냐 말 것이냐? … 47
4. 기도의 우선권 … 61
5. 기도와 믿음을 쌓아가는 벽돌 … 75
6. 제단에서의 우리의 기도 … 105

7. 합심기도의 위력 … 123

8. 기도로 성장하기 … 145

9. 올바른 태도로 기도하기 … 161

10. 개인기도는 이뤄진다 … 181

11. 기도의 영원한 가치 … 201

12. 기도의 유산 … 219

결론 : 기도와 사랑에 빠져라. 그러면 하나님과 사랑에 빠진다.
다음 단계 : 개인적인 묵상과 그룹토의를 위한 스터디 가이드
참고문헌

감사의 글

나의 영웅은 나의 목사님이다. 척 스미스(Chuck Smith) 목사님은 나에게 단순히 기도뿐 아니라 믿음으로 기도하는 방법을 가르쳐 주셨다.

그분은 나에게 기도의 가치와 기도의 위력을 가르쳐 주셨다. 그분은 성경적인 기도 방법을 가르쳐 주셨을 뿐 아니라 그분의 기도생활을 관찰할 수 있도록 나를 지도하셨다. 젊은 크리스천으로서 나는 척 스미스 목사님께서 남성교인들을 위해 만든 집회인 매주 토요 저녁 기도회에 참석하였다. 이 모임을 통해서 나는 기도의 사람이 되기를 원하시는 하나님의 심정을 알게 되었다.

죠지 뮬러(George Mueller), 리스 하웰스(Ries Howells), 앤드류 머레이(Andrew Murray), 로버트 머레이 맥체인(Robert Murray McCheyne), 챨스 스펄전(Charles Spurgeon), 로버트 에반스(Robert Evans), 무디(D. L. Moody), 데이비드 리빙스턴(Dr. David Livingstone), 그리고 아브라함 링컨(Abraham Lincoln)과 같은 위인들이 없었다면, 하나님께서 의미 있는 방식으로 기도를 통하여 사람들을 사용하신다는 것을 알 수 없었을 것이다.

나를 위하여 늘 기도를 거르지 않는 내 아내 샌디(Sandy)로 인해 감사한다. 쿡 공동체(Cook Communications)에서 일하는 멜리스(David Mehlis)와 그외 직원들에게 감사한다. 그들 모두는 나를 사랑하며 그들의 가족으로 받아주었다. 나는 훌륭한 작가가 아니라는 것을 인정한다. 그러나 나의 인생 후기에 와서 지난 30여년 간의 예수님과 함께 동행했던 삶을 글의 위력을 통해 표현할 수 있다는 것이 나는 기쁘다. 그래서 이 책의 출판과 관리를 도맡아준 쿡 공동체에게 내 깊은 마음에서 우러나오는 감사를 전하고 싶다.

훌륭한 교정으로 편집해주고 그 기술을 가르쳐 준 케이드 월(Keith Wall)에게도 감사한다. 나의 비서인 뤼네(Renae)는 하나님이 나에게 허락하신 보배로운 자원중의 하나이다.

우리 가족 다음으로 내가 가장 많이 기도하는 호라이즌교회 교인들(Horizon Christian Fellowship) 모두에게도 한결같이 감사한다.

마이크 맥킨토시(Mike MacIntosh)

서 문

너의 기도 경험을 풍성하게 하라

크리스천은 하늘에 계신 아버지와 직통할 수 있는 놀라운 특권을 부여받았다.

생각해보라. 우주의 창조주께서 언제든지, 어디든지, 그리고 어떤 것이든지 그와 함께 대화하도록 우리를 초청하신다. 우리의 소박한 간청에서부터 최고의 칭송에 이르기까지 하나님은 우리로부터 듣기를 원하신다. 만약 우리가 어려운 상황에 놓여있다면 하나님은 거기서 지혜를 주신다. 만약 우리가 두려워한다면 하나님은 거기서 침착하도록 용기를 북돋아 주신다. 그러나 우리 모두는 생활의 분주함에 사로잡혀서 어디에도 비교할 수 없는 이러한 명예로운 특권을 누리는데 실패하곤 한다.

나는 내 개인적인 목회를 통하여 많은 사람들과 대화를 나누는 가운데 한 가지 중요한 사실을 알게 되었다. 그것은 대부분의 많은 사람들이 역동적인 기도생활을 경험하지 못하고 있다는 것이었다. 바로 이것이 나의 친구 마이크 맥킨토시(Mike MacIntosh)의 새로운 저서인 '기도와 사랑에 빠져라(Falling in Love with Prayer)' 는 글을 감사하는 이유이다.

마이크는 기도의 위력과 특권의 살아있는 모본이며, 하나님의 놀라운 은혜를 경험한 살아있는 증인이다. 마이크는 젊은 청년 때부터 항상 의미를 추구하며 방황하였다. 그러나 예수 그리스도를 구세주와 구주로 믿은 후에는 하나님께서 그를 사용하여 남부 캘리포니아에서 가장 역동적인 교회의 지도자 중 한 사람이 되게 하셨다.

  마이크의 성공 비결은 모든 크리스천은 모험적인 기도생활을 즐길 수 있고 즐겨야만 한다는 그의 확신에 있다. 그는 이 책을 통하여 독자들이 기도와 사랑에 빠지게 된다면, 하나님과 사랑에도 빠지게 된다는 것을 보여주게 될 것이다. 마이크는 우리에게 이렇게 상기시키고 있다.
  "만약 여러분이 하나님으로부터 멀리 떨어져 거리를 둔다면 하나님은 침묵을 깨뜨리기를 원하실 것이다. 하나님은 다시 한 번 당신과 의사소통이 되기를 원하신다. 하나님은 당신과 생활을 시작하기를 원하신다. 당신의 기도로 주님 앞에 나아가게 될 때, 당신은 그의 놀라운 영광과 아름다움의 빛을 쬐게 된다. 그리고 당신은 믿음 안에 들어온 모든 자에게 약속하신 풍요로운 생활을 경험하게 된다."

  많은 사람들이 나의 아버지인 빌리 그래함(Billy Graham)에게 그가 세계적인 전도자로써 영향을 끼쳤던 것이 무엇이냐고 질문하곤 한다. 아버지의 대답은 간단하다. "끊임없이 기도하라." 나는 내 아버지를 잘 알고 있기 때문에 나의 부모님께서 기도의 신조로 살았다는 것을 증명할 수 있다. 부모님의 끊임없는 기도와 무조건적인 사랑이 나의 젊은 시절의 믿음을 유지시켜 줄 수 있었다. 그분들의 기도와 그리고 나의 기도를 통하여 '사마리아인의 지갑(the Samaritan's Purse)'이라는 목회사역을 시작할 수 있었고, 나중에 '빌리 그래함 복음전도협회(the Billy Graham Evangelical

Association)'를 섬길 수 있게 되었다. 나는 아버지의 끊임없는 기도의 유산을 지속시키리라 결심했다.

　내 자신이 너무 바쁜 나머지 하나님께 찬양하며 감사하는 기회를 소홀히 하거나 하나님께 무관심하지 않기를 바란다. 당신의 영적인 현 주소가 어디에 있든지 간에 마이크 맥킨토시의 격려와 인도는 당신의 기도의 경험을 풍성하게 도와줄 것이다. 인생의 계속되는 도전에 지혜가 필요하거나, 아니면 하나님과의 관계에 있어서 사랑의 불을 다시 지피기를 원하던지 간에 이 책은 당신을 위한 것이다! '기도와 사랑에 빠져라(Falling in Love with Prayer)'는 이 책은 보다 의미 있고 모험적인 기도생활로 당신을 자극하고 동기를 부여하게 될 것이라고 확신한다.

프랭클린 그래함(Franklin Graham)

프롤로그

기도, 그 장엄한 모험

대부분의 크리스천들은 기도가 신앙생활에서 가장 중요한 요소이며 실천임에 쉽게 동의한다. 그러나 여기에 당신을 놀라게 하는 기도의 다른 요소가 있다. 기도의 중요성을 인식하는 대다수의 사람들은 이 기도의 본질에 대하여 잘 이해하지 못하는 경우가 많다. 만약 사람들에게 기도의 의미와 목적을 밝히라는 설문지를 돌린다면, 대부분의 응답자들은 적절한 응답을 하지 못할 것이다.

기도는 하늘과 땅의 창조주이신 하나님께서 인간에게 주신 가장 고귀한 선물 중 하나이다. 기도는 편지보다 더 빠르게 목적지에 도달한다. 정보사회의 수단인 이메일보다 더 빠르다. 기도는 하나님과 연결되는 직통라인이기 때문에 교환원이 필요치 않다. 그러나 속도와 효율성은 기도가 우리에게 베푸는 혜택 중에 가장 작은 요소에 불과하다.

우리가 기도의 본질을 이해하게 되면 기도야말로 가장 효과적인 의사소통의 도구임을 쉽게 인식하게 된다. 기도는 정확하게 사용되었을 때 너무 강력하여서 누구나 믿음으로 자신을 창조하신 그분과 즉각 연결 될 수 있다. 기도는 하나님과 의사소통을 할 수 있는 인간의 효과적인 수단일 뿐 아니라 하나님께 있어서도 인간과 이야기 할 수 있는 효율적인 수단이다.

당신은 하나님과 우리, 그리고 우리와 하나님 사이를 연결할 수 있는 통로의 여부가 우리의 선택에 달려있다는 사실이 매우 흥미롭지 않은가? 우리는 하나님과 이야기 하며, 하나님으로부터 이야기를 듣거나 하나님과의 어떤 대화를 거절할 수 있는 것도 선택할 수 있다.

흥미로움을 다시 추구하라

내가 어릴 때 형과 나는 끝없는 모험을 함께 나누었다. 비록 형과 나는 13개월이라는 나이 차밖에 나지 않지만 나는 여전히 형을 "큰형"으로 여긴다. 우리는 오리건(Oregon) 주 포틀랜드(Portland)에서 자랐다. 이 지역은 주로 우중충하고, 가랑비가 내리는 것이 특징이다. 한 번 태양이 구름을 뚫고 비춰면 전 지역에 축제가 일어나는 것처럼 보일 정도이다.

그 날씨는 그러나 우리 꼬마들의 계획에 아무런 영향을 주지 못했다. 비가 오나 눈이 오나 우리는 늘 가던 '나무숲'으로 들어갔다. 오늘날 당신이 92번 가와 남동쪽 테일러(S. E. Taylor) 길을 운전해 간다면 당신은 아름답고 잘 정돈된 공원같은 수십만 평의 땅에 하늘 높이 치솟은 수십 미터짜리 나무를 볼 수 있을 것이다. 그러나 우리가 자라던 시절 그 장소는 숲이 우거지고 너저분하여 그저 아이들이 요새나 은닉처를 삼는데 적합한 장소였다. 이웃 아이들은 군대놀이나 숨바꼭질, 그리고 다른 여러 재미있는 놀이들을 즐기곤 하였다.

해질 무렵 우리는 저녁을 먹으러 집으로 돌아온다. 대개 우리 무리 중에 어떤 아이는 놀다가 눈에 상처를 입든지 타박상을 입어서 10대 시절에 자연스럽게 돋아나는 여드름처럼 우리는 늘 그렇게 상처투성이었다. 실로 나의 어린 시절을 회상하면 그것은 일종의 모험의 연속이요, 경쟁이었고, 때로는 무모한 익살스러움이었다.

　당신도 나처럼 흥분과 재미와 끝없는 기대 속에 지냈던 어린 시절과 젊은 시절을 회상할 것이다. 시들지 않을 것처럼 보였던 지난 시절, 그러나 인생의 대부분은 학교를 졸업하고 가정을 형성하며 직장을 갖게 되면서부터 시들어지기 시작한다. 결국 우리는 그렇게 정착이 되면서 곧이어 영적인 생활을 포함해서 단조로움, 예측 가능함, 반복 등이 우리의 전체적인 삶을 지배하는 측면이 된다는 사실을 발견하게 된다. 기도는 신앙의 활동이요, 의식에 불과하고 이제 할 일없는 나이든 사람들이나 즐기는 행위에 불과한 어떤 것이 된다. 그렇지 않으면 우리는 그렇게 합리화한다.
　그 어떤 것도 진리에서 멀어질 순 없다. 기도는 당신과 내가 할 수 있는 가장 유쾌한 경험 중에 하나가 될 수 있고 그렇게 되어야만 한다. 또한 우리의 기도생활은 더 열렬하고 더 열정적이 되어서 우리의 삶에 하나님이 어떻게 반응하실까 하는 기대감에 차 있어야 한다.

단순한 세 마디 말

　내가 열망하는 것은 당신의 눈과 귀와 마음을 하늘로 여는데 있다. 이 책은 기도의 방법에 관한 책만은 아니다. 이 책의 목적은 모험적인 기도생활의 성경적 원리를 당신에게 소개하는데 있다. 이 책은 종교적이거나 신학적인 논문이 아니다. 이 책은 실제적으로 도움을 주며, 영감을 주도록 고안된 책이다. 나의 간절한 소망은 이 책이 즐겁게 읽혀져서 한 개인으로써, 그리고 한 크리스천으로서 독자들이 성장하는데 도움을 주기를 바라는 것이다.

나의 전제는 단순하다. 만약 당신이 기도와 사랑에 빠진다면 당신은 하나님과 사랑에 빠질 수밖에 없다는 것이다. 하나님을 섬겼던 30여년 간 내가 즐겼던 가장 놀라운 일은 성경에 가장 기본적이고 심오한 원리 중에 하나를 이해하는 것이다. 그것은 바로 "하나님은 사랑이시다"는 것이다. 이 이해야말로 내가 경험했던 것처럼 당신도 영적인 세계에서의 신비로움을 경험할 수 있게 될 것이다. 이 세 마디의 말, God is love(하나님은 사랑이시다)라는 말은 그전까지 전혀 볼 수 없었던 많은 사람들의 시야를 열어주는 사랑의 메아리이다.

나는 당신이 이 책을 읽으면서 기도에 관한 성경적인 관점에 대한 통찰력을 얻게 되기를 기도한다. 나는 또한 기도하는 사람들의 실제 예화가 하나님을 이해하고 하나님과 의사소통 하는데 있어 더 깊은 이해와 도움이 되길 기도한다.

우리 모두는 사랑이 필요하다. 하나님은 사랑이시기 때문에(요일 4:8), 우리가 하나님으로부터 더 많은 사랑을 받을 수 있는 최고의 방법이 있다. 하나님은 서두르지도 않지만, 예약이 넘쳐나는 분도 아니시다. 하나님은 귀를 열고 우리의 탄원, 우리의 요청, 우리의 상심, 우리의 실패, 그리고 우리의 승리를 듣기 위해서 귀를 열고 팔을 벌려 기다리신다. 하나님은 당신이 당신의 죄를 자백하기를 원하신다. 그리하여 하나님은 당신의 죄를 용서하고 당신의 모든 불의를 깨끗하게 해 주신다(요일 1:9).

  자! 이제 기도를 시작하자. 하나님의 자녀를 위해 고안된 기도를 배우자. 성령 하나님께서 당신의 마음과 영혼에 말씀하는 것을 듣기 전에 당신은 이 책을 깊이 읽을 수 없을 것이다. 당신이 깨닫기 전에 기도라 불리는 이 모험은 너무나 재미있고, 짜릿하여 당신은 어느 곳에서나 홀로 또는 여러 사람과 함께 기도하게 될 것이다.

마이크 맥킨토시(Mike MacIntosh)

1

기도의 놀라운 특권

기도는 하늘의 보좌의 방을 직통하여
당신을 하나님의 마음에 이르게 해준다.
기도는 초월적이다.
당신이 어디에 있든지
당신은 창조주와 대화 속으로 들어갈 수 있다.

"참된 기도는
말에서 나오는 것이 아니라
사랑에 빠졌을 때 나온다."

리챠드 포스터(Richard Foster)

◆◇◆◇◆

만약 당신이 기도와 사랑에 빠진다면 당신은 하나님과의 사랑에도 빠지게 될 것이다. 그것이 이 책의 핵심을 수놓는 주제이다. 어떻게 기도와 사랑에 빠질 수 있는가? 많은 사람들은 아주 적게 기도하거나 또는 아예 기도하지 않는다. 그것은 그들이 기도를 행해야 할 의무감이나, 매일의 생활 가운데 한 가지 해야 하는 잡일 정도로 여기기 때문이다. 어떤 사람들은 규칙적으로 기도하는 규율을 정하지만 그 과정이 지루하고 힘든 일이 된다.

나는 당신에게 새로운 관점에서 기도를 볼 수 있도록 돕고자한다. 이렇게 생각해보라. 기도는 우주의 창조주에게 접속하는 것이다. 기도를 통하여 우리는 그의 힘, 능력과 초자연적 창조성으로 들어갈 수 있다. 더군다나 우리가 하나님과 의사소통을 하면서, 그분이 우리에게 말씀하시는 것을 들으면서 우리는 하나님을 더욱 친근하고 깊게 알 수 있게 된다.

　나는 신학자인 록키어(Herbert Lockyer)가 말한 기도의 정의를 좋아한다. 그는 "기도야말로 하나님과 얘기하는 열망이요, 기회요, 특권이지 않은가?"라고 정의했다. 열망, 기회, 특권. 이 세 마디가 기도의 건강한 관점의 근간을 형성한다.

　성경은 기도의 중요성과 필요성을 생생하게 우리에게 전하고 있다. 하나님의 말씀 속에 650번 이상의 기도가 기록되어 있으며, 450번 이상의 기도응답이 기록되어 있다. 기도서인 시편을 계산에 넣지 않아도. 실로 당신이 직면할 수 있는 모든 상황을 위한 기도의 예가 들어있다. 성경의 설명을 자세히 살펴보면 사람들은 여러 가지 다른 상황에서도 기도하며 그러한 간청에 대한 하나님의 응답은 놀랍고도 예기치 못한 것들이었다.

우리의 창조주와 대화한다고 상상하라!

　그것은 오늘날도 사실이다. 하나님은 항상 우리가 원하는 시간대나 방식으로 우리의 기도를 들어주시는 것은 아니다. 그러나 우리가 도움을 필요로 할 때, 우리가 어떤 인도하심을 찾을 때, 우리가 능력이 부족할 때, 하나님은 그의 뜻과 완전한 시간대에 따라 우리의 기도를 듣고 응답하신다. 우리의 필요가 무엇이든지 하나님은 우리의 외침과 요청에 항상 사랑스럽게 응답하신다.

　명석한 과학의 선구자였던 뉴턴(Sir Isaac Newton)은 망원경을 통하여 우주의 수십억 마일의 거리를 볼 수 있었다. 그런 후 그는 "내가 망원경을 내려놓고 내 방에 들어가 문을 잠그고 무릎을 꿇으면 지구상의 망원경보다 더 많은 하늘을 보며 하나님께 더 가까이 나아감을 느낀다"라고 말하였다.

기도는 하늘의 보좌의 방을 직통하여 당신을 하나님의 마음에 이르게 해준다. 기도는 초월적이다. 그러나 자연적인 활동이다. 당신이 어디에 있든지 당신은 창조주와 대화 속으로 들어갈 수 있다. 하나님과의 대화는 일상생활의 일부가 되어야 하며 감사가 흘러나와야 한다.

때때로 새신자들은 기도할 때 하나님의 관심을 끌기 위해서 손을 가지런히 모으고, 무릎을 꿇고, "높으신 분께 'thee' 또는 'thou' 같은 극존칭어만 써야한다"고 믿는 사람도 있다. 물론 그렇지 않다. 하나님은 우리의 기도가 유창하거나 단순하든지, 짧거나 길든지 관계없이 우리의 기도를 들어주신다고 약속하셨다. 구약의 성인들은 우리가 기도할 때 기도에 관해서 많이 알 필요는 없다는 사실을 상기시켜 준다. 그들은 기도의 방법이나 기술에 관해서는 많은 언급이 없다. 그들은 그저 기도했다. 그들은 자신이 믿고 경외하는 하늘의 아버지와 단순히 의사소통을 한 것이다.

이제 나는 독자들과 함께 기도의 탐험을 떠나면서 창세기 앞장에서 얻은 두 가지 기본적인 진리를 강조하려한다.

기도는 영적 각성을 가져온다

에덴동산에서 아담과 하와가 죄를 짓기 이전에는 현재 우리가 생각하는 기도는 필요하지 않았다. 최초의 남자와 여자는 동산에서 하나님과 함께 걸으며 그와 직접적으로 대화하였다. 창조주와 얼굴을 맞대고 대화할 수 있었다는 것은 얼마나 경이로운 경험이었겠는가!

아담과 하와가 사탄에 속아 죄를 지음으로 그들은 하나님으로부터 이탈되었다. 악이 세상에 들어왔기 때문에 하나님과 피조물 사이에 커다란 간격이 생기고 말았다. 그래서 기도는 하나님과의 의사소통을 복구하는 연결다리가 되었다. 이러한 배경 하에 다음 구절을 읽어보자.

> "아담이 다시 아내와 동침하매 그가 아들을 낳아 그 이름을 셋이라 하였으니 이는 하나님이 내게 가인의 죽인 아벨 대신에 다른 씨를 주셨다 함이며 셋도 아들을 낳고 그 이름을 에노스라 하였으며 그 때에 사람들이 비로소 여호와의 이름을 불렀더라"(창 4:25~26)

몇몇 교사들은 이때부터 기도가 생겨났으므로 에노스의 때에 기도가 처음으로 "발명(invented)"되었다고 주장한다. 그러나 나는 이 구절에서 사람들이 함께 하나님을 불렀다는 것은 공동예배를 언급했다고 본다. 아담과 하와의 아들인 가인이 그의 동생 아벨을 죽인 때부터 어두움과 악이 인간사회에 확산되었다. 가인은 집을 떠나 도시를 건설했다. 거기서 그는 사람들이 하나님께 등을 돌리도록 훈련시켰다. 사실상 최초의 내각은 하나님께 반항한 사람들에 의해서 만들어 졌고, 그들은 하나님 없는 삶을 살고자 했다. 그 기간 동안에 아담과 하와의 세 번째 아들인 셋을 제외하고는 하나님을 위한 증인은 없었다. 그 후 셋은 에노스를 낳았다. 에노스의 탄생이 어떻게 영적 각성에 불꽃을 점화했는지 그 이유는 알 수 없다. 사람들은 기도 중에 주님의 이름을 부르기 시작했다.

창세기 4장의 에노스는 하나님과 이야기하는 새로운 자손이었음을 발견할 수 있다. 이것이 우리가 기도에 대해서 이해해야 할 첫 부분이다. 즉, 기도는 영적 각성을 가져와야 한다. 만약 당신과 내가 우리의 삶에 영적 변화를 얻기 원한다면, 그리고 우리가 새롭고 신선한 방법으로 우리의 눈을 열고 우리의 마음이 자극되기 원한다면, 그 변화는 기도와 더불어 시작될 것이다.

기도는 영적 성장을 이끈다

에노스 후에 그리 오래되지 않아 유사한 이름을 가진 또 다른 인물이 등장한다. 이 사람은 에녹이다. 그는 기도와 밀접하게 연결되어 있다.

> "에녹은 육십 오세에 므두셀라를 낳고 므두셀라를 낳은 후 삼백년을 하나님과 동행하며 자녀를 낳았으며 그가 삼백 육십 오세를 향수하였더라 에녹이 하나님과 동행하더니 하나님이 그를 데려가심으로 세상에 있지 아니하였더라"(창 5:21~24)

에녹은 아주 흥미로운 인물이다. 우리는 창세기의 몇 구절을 가지고 그에 관한 많은 것을 알 수는 없다. 그러나 신약성경에서는 그에 관한 더 많은 정보를 제공하고 있다.

> "믿음으로 에녹은 죽음을 보지 않고 옮기웠으니 하나님이 저를 옮기심으로 다시 보이지 아니하니라 저는 옮기우기 전에 하나님을 기

쁘시게 하는 자라 하는 증거를 받았느니라"(히 11:5)

이번에는 유다서를 보자.

"아브라함의 칠세 손 에녹이 사람들에게 대하여도 예언하여 이르되 보라 주께서 그 수많은 거룩한 자와 함께 임하셨나니 이는 뭇 사람을 심판하사 모든 경건치 않은 자의 경건치 않게 행한 모든 경건치 않은 일과 또 경건치 않은 죄인의 주께 거스려 한 모든 강퍅한 말을 이르러 저희를 정죄하려 하였느니라"(유 14~15)

비록 그의 완전한 전기가 모두 여덟 구절로 구성되어 있지만 우리는 에녹에 관해서 몇 가지 중요한 진리를 배울 수 있다. 그가 설교자였다는 것과 더 중요한 사실은 그가 하나님과 300년 간 동행했다는 것이다. 그의 아내가 므두셀라(그는 세상에서 가장 장수한 사람이 되었다)를 낳았을 때 어떤 일이 에녹에게 발생하게 되었다. 그것은 65세 때에 300년을 지속할 수 있었던 영적 성장의 용솟음이 시작된 것이다.

히브리어로 "동행하다"는 "습관적으로 계속하다"라는 뜻이다. 성경은 에녹이 하나님과 300년 동안 매일 교재 - 가까운 관계 - 했다고 전한다. 그는 하나님과 동행하면서, 대화하면서 영적으로 성장했다. 에노스가 우리에게 기도가 영적인 각성을 가져온다는 것을 보여주었다면, 에녹은 우리에게 기도는 영적인 성장으로 계속적이고 지속적인 믿음의 성숙을 가져와야 한다는 사실을 일깨워준다.

나는 에녹이 아침 일찍부터 하나님과 하루를 시작하고, 그분과 대화하고, 그가 직면한 모든 도전들을 그분에게 말하고, 그분과의 관계에서 힘을 얻었으리라 상상할 수 있다. 우리가 하나님과 계속적인 교제로 문제를 공유하며 공감하는 열려진 관계라면, 하나님은 우리의 기도를 응답하시고 우리가 가야할 길로 인도하실 것이다. 만약 우리가 계속 기도한다면 우리는 계속 성장할 것이다.

기도는 삶의 관점을 제공한다

나는 현재 샌디에고에서 경찰 목사와 예비역 장교로 봉사할 수 있는 특권을 가지고 있다. 어느 날 저녁 총격사건이 발생한 현장에 가게 되었다. 한 남자가 총구로 인질을 겨누며 아파트에서 대치하고 있었다. 나는 2시간 동안 그 사람과 이야기하려고 노력했다. 그를 설득하여 그 문제를 평화롭게 해결하기 위해서였다. 그러나 긴장은 증폭되어 그 남자는 경찰관을 위협했다. 마치 그가 인질을 죽이려는 것처럼 보였다. 특별기동대 팀이 급습하여 인질범에게 사격을 가했다. 몇 시간 후 죽은 인질범의 아내와 대화를 나눠야하는 기막힌 일을 경험하게 되었다.

그 다음날 나는 깊은 번뇌와 슬픔에 빠지게 되었다. 나는 황량한 해변가를 뛰어 가면서 하나님께 소리 질러 외쳤다. "하나님 이 고통과 추함을 가져가 주소서." 한 시간 동안 뜀박질과 울부짖음 후에 나는 힘이 다 빠져버렸다. 집에 걸어 갈 힘도 없었다. 나는 딸에게 전화하여 도움을 청했다.

가장 끔찍한 소식을 접하게 된 것은 그때였다. 딸이 나에게 내 죽마고우의 아들이 다른 두 명의 젊은이와 함께 교통사고로 죽었다는 비보를 전했다. 나는 그들의 부모님께 전화를 했고, 내 친구와 다른 희생자의 부모를 만나기 위해 샌디에고에서 팜 스프링스까지 몇 시간을 운전해야만 했다. 나는 연속적인 충격에 휩싸였다. 나는 깊이 상심이 되었고 우울한 나날을 보냈다.

　9주가 지나서야 나는 저녁에 편안하게 잠을 잘 수가 있었다. 하나님은 이 9주 동안 내 자신을 스스로 돌아보게 하셨다. 그날 밤 인질범의 음성을 나는 계속 들었다. "당신은 더 잘할 수도 있었는데, 만약 당신이 확고한 크리스천이었더라면 내가 이렇게 죽지 않았을 텐데, 나는 지금 지옥에 있어. 네가 나를 지옥에 보낸 거야. 보낸 거라구!"

　그 악마 - 비난자 - 는 나를 고문했던 것이다. 나는 계속 기도했고, 때가 되자 상황을 다르게 보기 시작했다. 나는 병원에 누워있는 자녀들과 함께 한 부모들에 대해 생각했다. 나는 육체적 학대와 자금난, 그리고 깨어진 인간관계로 고통을 당하는 모든 사람을 생각했다. 나보다 더 큰 고통을 겪고 있는 사람들이 많이 있다는 사실을 깨닫게 되었다.

　기도로 하나님과의 지속적인 교제를 통해 하나님은 우리가 당한 상황에 대하여 적합한 관점을 가지도록 도와주신다. 하늘에 계신 아버지는 우리를 파멸할 수 있는 인생의 어떤 것도 허락지 않으실 것을 약속하셨다(고전 10:13). 고통과 고난은 우리를 강하게 하며, 우리를 겸손하게 하며, 우리를 온유하게 하며, 다른 사람에게 대하여 친절하게 하도록 한다. 그것이 내 인생의 고통스런 기간 동안 일어났던 일이다. 비록 힘겨운 투쟁의 시기였으나 내 믿음은 강하게 자랐고 하나님과의 관계는 더 깊어졌다.

　이것이 우리 각자가 적용할 수 있는 에녹의 예이며 교훈이다. 우리가 하나님과 동행할수록, 그리고 우리가 기도를 통하여 하나님과의 친밀성이 깊어질수록 우리는 습관적으로 성장한다. 우리는 그의 아들 예수 그리스도의 형상으로 변화되어 가는 것이다(고후 3:18).

기도로 하나님께 밀접하게 나아가라

나의 기도는 하나님께서 이 책을 사용하여 당신의 마음속에 불을 지피고 그 불이 당신의 가족, 교회, 동네로 확산되는 것이다. 에녹의 시대처럼 이 시대 사람들이 하나님의 이름을 부르도록 나는 기도한다. "하나님이여 내가 당신을 사랑하고 필요로 한다는 것을 당신께 말하기를 원합니다."

또한 내가 기도하는 것은 당신이 하나님과 동행하여 매일, 그리고 매년 습관적으로 자라기를 바란다. 우리가 지금부터 20년 후에 만나게 되어도 당신과 내가 여전히 하나님과 동행하고 있기를 기도한다. 기도의 기적적인 응답들이 우리의 이야기가 되어서 하나님과의 보다 깊은 관계를 서로 간증할 수 있게 될 것을 나는 믿는다. 분명한 것은 우리는 실망과 패배, 좌절과 실패를 경험할 수도 있을 것이다. 우리가 꾸준하게 하나님과 동행한다면 모든 것은 바뀔 것이다.

나는 매닝(Brennan Manning)의 다음의 글에 전심으로 동의한다.

> "다른 어떤 것보다도 기도는 가장 먼저, 그리고 가장 중요한 사랑의 행위이다. 어떤 실용적이고 공리적이고 또는 이타적인 동기 이전에 기도는 예수님과 함께 있으려는 열망으로 태어난다. 예수님의

비교될 수 없는 지혜, 대조될 수 없는 아름다움, 거역할 수 없는 선함, 그리고 무제한적 사랑이 예수님이 거하시는 우리 마음에 조용함으로 우리를 이끄신다. 진심으로 어떤 사람을 사랑한다는 것은 함께 있고자 하는 마음과 친밀한 교제의 자연스런 갈망을 내포하고 있다."(매닝 : Manning 2003)

기도는 하나님과 늘 밀접하게 유지하도록 해주며 영적으로 성장시켜준다. 당신이 하나님과 대화를 멈추지 않는 한 하나님을 떠나지 않게 될 것이다. 만약 당신이 당신의 배우자, 자녀 또는 친구와 의사소통을 단절한다면, 당신의 관계는 고통스럽게 될 것이고, 당신은 멀리 떨어져 표류하다 낯선 이방인이 될 것이다. 그러나 계속 이야기를 나누며 공유한다면 당신의 관계는 깊게 성장할 것이다. 하나님과의 관계도 마찬가지이다. 습관적이며 계속적인 기도 – 하나님과 동행하며 이야기 하는 것 – 는 당신으로 하여금 하나님과 가까이 성장하도록 하게 할 것이다.

2

왕과 대화하기

우리 아버지는 자녀들과 너무 대화하기를 원하셔서
그들과의 연결 장치를 놀랍도록 쉽게 만드신다.

◆

"우리는 마음으로부터
하나님과 이야기 해야 하며
아이가 아빠에게 대화하듯이
그분에게 대화하라."

스펄젼(C. H. Spurgeon)

◆

◆◇◆◇◆

'브루스 올마이티(Bruce Almighty)'라는 영화에서 코믹 배우인 짐 캐리(Jim Carrey)가 불만 많은 텔레비전 뉴스 사회자의 역을 맡았다. 그의 불평으로 짜증이 난 하나님은 그에게 전능한 힘을 쓸 수 있는 기회를 제공한다.

이 영화에선 뭔가 범상치 않은 일이 일어난다. 하나님이 그에게 전화를 하려고 할 때 하나님의 전화번호가 캐리의 삐삐에 나타난다. 대개 영화와 텔레비전 쇼에서는 전화번호를 처음번호가 555로 시작되는 가상의 번호를 사용하는데 이 영화는 실제 특정한 지역번호와 일치하는 일곱 단위 숫자의 번호가 나타난다.

결과적으로 전국에서 많은 사람이 자신의 지역번호와 그 전화번호를 사용하여 실제 전화를 걸었다. 이 일로 인해 전화 거는 자와 하나님으로부터 응답하는 일을 맡은 사람 사이에 재미있는 에피소드가 생겨났다.

한 여자가 콜로라도(Colorado) 무선국의 자동응답기에 이렇게 메시지를 남겨두었다. "나는 지금 감옥에 있는데, 내가 어젯밤에 당신에게 말한 것처럼 나는 당신을 사랑해." 그녀는 앞으로는 똑바로 살기로 약속을 했고 남편과 자녀들에게 돌아올 수 있게 기도했다.

어떤 사람은 "하나님 안녕하십니까! 나는 내 인생에 아주 나쁜 일을 했기 때문에 나는 회개할 필요가 있습니다. 그러니 내 기도를 들어주십시오"라고 전화를 했다.

또 어떤 사람은 이렇게 전화했다. "이 번호가 하나님께 연결되는 번호가 아닌 걸 나는 알고 있습니다. 그렇지만 하나님이 다른 번호를 가지고 있는지 알아보기 위해서 전화했습니다."

내가 살고 있는 샌디에고에서 그 영화에서 나온 번호를 가졌던 사람은 70여명의 외과 의사들을 관리하는 회사의 여사장인 케이시 로마노(Cathy Romano)로 그녀의 사업용 휴대전화였다. 하루 40통 이상의 영화를 본 사람들로부터 걸려오는 전화 때문에 처음에는 아주 짜증이 났지만 그 바쁜 사장은 지금은 그 전화를 즐기고 있다.

"여보세요, 하나님인데요." 그녀는 기발하게 그렇게 대답했다. 그러자 전화를 건 상대방 여성이 "이런 믿을 수 없어! 하나님이래. 근데 하나님이 여자야!"라고 말했다(그래함 : Graham 2003).

만약 우리가 이런 식으로 하나님과 연결될 수 있다면 어떻게 될까? 당신은 다이얼을 돌려 하나님과 얘기할 수 있겠는가? 나는 여기서 당신에게 이런 소식을 전하고 싶다. 하나님은 어떤 순간에도, 어느 장소에서도, 그리고 어떠한 상황에서도 우리에게 접속할 준비가 되어 있다. 물론 그래도 우리가 해야 할 일은 침묵으로든 큰소리든 그분에게 말해야 된다. 우리 아버지는 자녀들과 너무 대화하기를 원하셔서 그들과의 연결 장치를 놀랍도록 쉽게 만드신 것이다.

하나님은 당신의 전화를 기다리신다

시편은 150편의 기도를 포함하고 있다. 어떤 것은 길고, 어떤 것은 짧으며, 어떤 것은 기쁘고, 어떤 것은 슬프다. 시편의 많은 내용이 이스라엘의 위대한 왕인 다윗에 의해 쓰여진 것이다. 다윗은 성경에서 하나님의 마음에 합당한 자로 묘사되고 있다(행 13:22).

다윗은 시편 145편에서 이렇게 말하고 있다. "여호와께서는 자기에게 간구하는 모든 자 곧 진실하게 간구하는 모든 자에게 가까이 하시는도다 저는 자기를 경외하는 자의 소원을 이루시며 또 저희 부르짖음을 들으사 구원하시리로다"(시 145:18~19) 하나님은 실로 가까이 계셔서 자신과 먼저 접촉하도록 우리를 기다리신다. 그리고 우리가 대화를 시작할 때 그분은 들으시는데 조심스럽게 집중적으로 들으신다. 이 주제는 이사야에 의해서 반향되었다. 이사야는 하나님을 대변하여 말하기를, "그들이 부르기 전에 내가 응답하겠고 그들이 말을 마치기 전에 내가 들을 것이며"(사 65:24)라고 하였다. 하나님은 우리가 하나님께 기도하기 전에 이미 우리의 필요를 알고 계신다(마 6:8).

위의 구절과 다른 많은 구절을 통해서 왕은 우리와 함께 계시며 우리와 즉각 그리고 기꺼이 대화하고 싶어 하신다는 사실을 알게 한다. 반면에 하나님께 집중하지 못하도록 얼마나 많은 산만함이 있는가를 알면 우리는 놀라게 된다. 우리가 저녁 뉴스를 시청할 때 우리의 관심은 최근의 위기에 고정이 된다. 우리가 좋아하는 스포츠경기를 시청하면 우리는 그 게임의 경쟁에 빨려 들어가게 된다. 우리의 자녀들이 식탁에서 음식을 던지거나 서로 말다툼을 하면 자연스럽게 우리는 그들에게 간섭해야 함을 느낀다. 물론 우리의 관심이 멀어질 때 하나님은 사라지는 그런 분은 분명히 아니시다. 단지 우리의 사고와 느낌이 다른 곳으로 옮겨지는 것뿐이다. 여전히 우리는 이런 확신을 가지고 있다. 여전히 하나님은 함께 계시고 기도 중에 그와 함께 참여하기를 열렬히 기다리고 계신다. 우리의 도전은 우리의 마음과 정신이 계속 하나님께 집중되어야 한다는 것이다.

하나님께 열어라

'너의 주먹을 꽉 쥐어라(Strengthening Your Grip)' 라는 책에서 찰스 스윈돌은 17세기 로마 카톨릭 프랑스 사람인 프란시스 패넬론(Francois Fenelon)에 대하여 이렇게 이야기 하고 있다.

"너의 마음속에 있는 모든 것을 하나님께 말하라.
사람이 친한 친구에게 자신의 마음, 기쁨과 고통을 내려놓듯이
너의 고통을 하나님께 말하라.
그러면 하나님이 너를 안위하실 것이다.
너의 기쁨을 하나님께 말하라.
그러면 하나님은 그 기쁨을 진지하게 해주실 것이다.
너의 갈망을 하나님께 말하라.
그러면 하나님께서 그 갈망을 순수하게 해주실 것이다.

내가 증오하는 것을 하나님께 말하라.

그러면 네가 그것을 정복하도록 하나님은 도와주실 것이다.

내가 당하는 많은 유혹을 하나님께 말하라.

그러면 하나님께서는 너를 위한 방패가 될 것이다.

너의 마음의 상처를 하나님께 보여라.

그러면 하나님은 그것들을 치유하실 것이며,

선한 일에 무관심을 없애며,

악에서 떠나게 해주시며,

너의 마음의 불안정을 떠나게 하실 것이다.

너의 이기적인 사랑이 다른 사람에게

얼마나 불공평하게 대하는지 하나님께 말하라.

그리고 얼마나 너의 허영심이 너를 불성실하게 만들고,

얼마나 너의 자만함이 너 자신과 다른 사람에게

너를 위장시키는 지도 하나님께 말하라."

만일 당신이 당신의 모든 연약함, 필요, 고통을 다 쏟아내면, 당신은 끝없이 할 말이 생겨나게 될 것이다. 당신은 그 주제가 고갈되지 않게 될 것이다. 대화는 계속 새로워지게 될 것이다. 서로에게 비밀이 없는 사람은 대화의 주제가 부족함이 없다. 그들은 할 말에 무게를 두지 않는다. 왜냐하면 숨길게 아무것도 없기 때문이다. 그들은 해야 할 말을 찾지도 않는다. 왜냐하면 아무 저울질 없이 마음에 있는 모든 풍성함으로 얘기를 하기 때문이다. 그리고 생각나는 대로 그대로 얘기한다. 하나님께 이런 친숙하고 숨김이 없는 관계를 가진 자는 축복된 자들이다(스윈돌 : Swindoll 1998).

그것이 기도의 본질이다. 대단히 단순하지 않는가? 하나님과 정직하고 솔직한 대화를 시작하라. 당신의 마음속에 있는 것이 무엇이든지 하나님께 대화를 시작하라. 당신의 고통, 당신의 기쁨, 당신이 좋아하는 것이나 싫어하는 것들을 말하라. 그리고 하나님이 당신에게 말하게 하라. 그러면 하나님께서 당신의 마음을 조절하실 수 있고 당신의 성격을 형성할 수 있게 된다.

위대한 다른 작가 루이스(C. S. Lewis)는 간결하게 말한다. "우리는 우리 마음속에 있어야 할 것이 아닌, 현재 있는 것을 하나님께 내놔야한다." 우리가 겸손과 순수함으로 하나님께 접근하면 자신을 가장할 필요가 없다. 비밀이 있을 필요도 없다. 그러므로 당신의 생각과 느낌을 하나님의 보좌 앞에 그대로 내놓고 순수한 마음과 열린 마음으로 하나님과 대화를 해보라.

다윗은 하나님께 그의 마음을 열었다

다윗 왕은 하나님과 자신의 감정을 공유하는 일에 부끄러워하지 않았다. 그는 자신의 기쁨, 슬픔, 실망, 행복에 대해서 자유롭게 표현하였다. 그는 오늘날 기도의 삶에 있어서 최고의 역할 모델이 되고 있다.

열린 마음의 기도 중 가장 좋은 예는 시편 32편일 것이다. 아름다운 작문으로 표현된 몇 구절을 살펴보자. 1절은 이렇게 시작된다. "허물의 사함을 얻고 그 죄의 가리움을 받은 자는 복이 있도다" 큰 죄를 지었던 다윗이 하나님께 마음 문을 연다는 것은 자신의 잘못과 실패를 인정한다는 의미임을 스스로 알았다.

왜 그는 같은 문장에서 허물(transgression)과 죄(sin)라는 두 단어를 썼을까? 그는 강조하기 위해 반복한 것일까? 나는 두 용어에는 약간의 차이가 있다고 생각한다. 예를 들면 넓은 들판에 새들이 있다고 가정하자. 당신이 새 사냥을 하기 위해 접근을 시도 하는데 거기에 전선줄로 울타리가 둘러싸여 있고 표지판에 "침입금지"란 푯말이 붙어 있다. 당신은 이때 주위를 둘러보다가 땅주인이나 다른 보안 요원이 없자 그렇게 해서는 안 되는 줄 알면서도 울타리를 기어 올라갔다면, 그것이 허물(transgression)이 된다. 당신이 어떤 일을 해야 되는지 알고 있으면서도 그렇게 하지 않았다면 당신은 그 반대로 한 것이다.

죄(sin)는 갑자기 일어날 수 있다. 죄(sin)는 허물(transgression)처럼 항상 계획되는 것이 아니다. 죄(sin)는 순간적이며 충동적이다. 죄(sin)는 "나보고 하지 말라고 하지만 신경 안 써, 어쨌든 하고 말 거야"라고 말하는 당신의 강한 의지가 아니다. 죄(sin)란 빌리 그래함(Billy Graham) 목사님이 말한 것처럼 탐욕이다. 어떤 남자가 아름다운 여자가 걸어가는 것을 보았다면 그것은 죄가 아니다. 그런데 또다시 탐욕을 가지고 바라보는 것은 죄가 된다. 죄란 인생의 어느 영역에서 거룩함과 의로움이라는 하나님의 표준에 미치지 못하는 것이다.

다윗 왕이 우리에게 말하는 것을 깨닫는 것은 놀라운 일이다. "너의 허물이 사함 받았을 때 너희는 축복 받은 자들이다." 우리는 양 같아서 각자 제 갈 길로 간다. 우리는 하나님을 기쁘시게 하는 것보다는 우리 눈에 옳다고 여기는 일을 한다. 그러한 허물과 죄는 하나님과 우리의 관계에 있어서 긴장 또는 분리를 야기 시킨다. 그러나 시편 기자가 말하듯이 우리의 허물이 사함 받고 우리의 죄가 가리워졌기 때문에 우리는 복된 자들이다. 하나님의 용서함 때문에 우리가 아무런 잘못이 없는 것처럼 하나님과 자유롭게 대화할 수 있는 것이다.

다윗 왕은 계속 말하기를, "마음에 간사가 없고 여호와께 정죄를 당치 않는 자는 복이 있도다"(시 32:2)라고 하였다. 패낼론(Francois Fenelon)이 한 말과 유사하지 않는가? 하나님께 기도를 통하여 마음을 쏟아 놓고 대화를 하면 우리의 죄는 사라지게 될 것이다. 당신은 더 이상 거짓말을 하지 않게 될 것이다. 당신은 숨길 것이 없기 때문이다.

침묵의 대가

우리는 때때로 행동에 대하여 죄책감과 양심의 가책을 느낀다. 그래서 우리는 하나님과의 대화를 피하려 한다. 그러나 하나님과 오랫동안 떨어져 있을수록 더 악화된다. 이 일은 다윗에게도 똑같이 일어났다. 그의 고백을 들어보자.

> "내가 토설치 아니할 때에 종일 신음하므로 내 뼈가 쇠하였도다 주의 손이 주야로 나를 누르시오니 내 진액이 화하여 여름 가물에 마름같이 되었나이다(셀라) 내가 이르기를 내 허물을 여호와께 자복하리라 하고 주께 내 죄를 아뢰고 내 죄악을 숨기지 아니하였더니 곧 주께서 내 죄의 악을 사하셨나이다(셀라)"(시 32:3~5)

당신은 당신과 하나님 사이의 대화의 통로를 단절할 수도 있다. 당신은 침묵을 지키거나, 마음의 문이 굳게 닫혀져 있음을 느낄 수도 있다. 당신은 아무리 원해도 현재의 자신에서 벗어날 수가 없다. 아마 당신은 하나님께 화가 날 수도 있다. 그리고 당신이 지금 대접받는 것이 합당치 않다고 느낄 수도 있다. 이러한 문제가 수주일, 수개월 또는 수년 동안 지속되기도 한다. 그렇다고 하나님께 주먹을 휘두르거나 하나님을 저주하는 것도 아니다. 단지 하나님과의 관계가 경직되어 있기에 그 만큼 기도하지 않는 것이다.

만약 당신이 하나님으로부터 멀리 떨어져 있다면, 하나님은 당신이 침묵을 깨고 다시 한 번 의사소통을 확고히 하기를 바라신다. 하나님은 당신의 뼈가 노쇠해지기를 원하시지 않는다. 하나님은 당신이 다시 살아나기를 바라신다. 당신이 기도로 그분 앞에 나갈 때, 당신은 그분의 빛나는 영광과 아름다움에 사로잡히게 되고 믿음으로 그분에게서 나오는 약속된 풍성한 삶을 경험하게 될 것이다(요 10:10, 히 11:6). 그리고 당신은 그의 보좌에 들어가며 그분의 자비와 은혜, 평화와 기쁨을 발견하게 될 것이다(히 4:16).

하나님은 당신의 관심을 얻기 위해 소리를 지르거나 큰소리로 외치지 않으신다. 만약 하나님이 당신과 의사소통을 회복하기 위해 당신을 부르신다면, 아마도 하나님은 당신의 귀에 소리를 지르지 않으실 것이다. 그는 보다 미세하고 부드러울 것이다. 당신은 아마도 마음 깊은 곳에서 설득하고 갈망함을 느끼게 될 것이고, 당신의 어깨 위에 그분의 손의 무게를 느끼게 될 것이다.

대부분이 부모들은 자녀들의 잘못을 교정할 때 소리치는 것보다 권위적인 무언의 몸짓이 더 설득적인 것을 알고 있다. 때때로 미세한 행위가 강요보다 더 힘을 발휘한다. 아이를 때릴 필요도 없고, 밥을 굶긴 채 방에 들어가게 할 필요도 없고, 또는 시간제한을 가할 필요도 없다. 종종 부모가 하는 일은 아이한테 다가가서 아이의 어깨 위에 손을 얹는 것이다. 그 강력하고 인상적인 몸짓은 관심을 끌기에 충분하고 곧 아이에게 변화가 나타난다.

당신은 하나님의 무거운 손길을 느낄 수 있다. 만약 그렇다면 하나님이 당신을 재차 부르시는 것이다. 하나님은 당신이 떠나시는 것을 바라지 않는다. 하나님은 당신을 너무 사랑하기에 당신과 하나님 사이의 침묵을 끝내기 위해서 가능하면 오랫동안 인내하며 기다리신다. 그리하여 결국 당신과 하나님은 의사소통을 다시 시작하게 된다.

하나님은 가까이 계신다

다윗은 자신의 마음을 하나님께 다음처럼 쏟아놓았다.

> "이로 인하여 무릇 경건한 자는 주를 만날 기회를 타서 주께 기도할지라 진실로 홍수가 범람할지라도 저에게 미치지 못하리로다 주는 나의 은신처이오니 환난에서 나를 보호하시고 구원의 노래로 나를 에우시리이다(셀라)"(시 32:6~7)

하나님은 자신의 영광과 교제를 위하여 우리를 창조하셨다(계 4:11). 하나님은 우리의 인생에 목적을 주시고 따라야 할 길을 주신다. 그러나 그 무엇보다도 중요한 것은 아버지와의 사랑의 관계이다. 첫째이면서 가장 중요한 것은 하나님은 당신과 교제를 원하신다는 것이다(요일 1:3). 하나님과의 교제는 자연스럽게 당신의 은사와 재능을 활발하고도 힘있게 만들어준다.

많은 사람들은 생각하기를 '하나님을 기쁘시게 하기 위해서는 이것저것을 해야 한다'고 생각한다. 그렇지 않으면 나에게 실망하실 거라고 생각한다. 그러나 절대 그렇지 않다. 하나님은 당신과 교제를 원하시며 그분과 함께 있음을 만족해하신다.

당신이 하나님과 함께 있을 때, 그분과 함께 있음을 즐길 때, 당신은 영감으로 성령님의 내재를 경험하게 될 것이다. 요한일서 1장 6~7절은, "만일 우리가 하나님과 사귐이 있다 하고 어두운 가운데 행하면 거짓말을 하고 진리를 행치 아니함이거니와 저가 빛 가운데 계신 것 같이 우리도 빛 가운데 행하면 우리가 서로 사귐이 있고 그 아들 예수의 피가 우리를 모든 죄에서 깨끗하게 하실 것이요"라고 말씀한다. 이것이 우리로 하여금 하나님과 교제하고 빛 가운데로 걷게 하는 기도이다.

다윗이 시편 32편 1절에서 묘사한 상황과는 너무 동떨어진 것이 아니겠는가? 그의 생명력, 힘과 기쁨은 사라지고 그의 뼈는 녹아버리고 있다. 그는 인생을 힘없이 터벅터벅 걷고 있다. 왜냐하면 침묵을 지키며 하나님과 대화를 하지 않기 때문이다. 하나님의 사람은 하나님이 가까이 있을 때 기도 할 것이다. 그 보상은 깊은 기쁨과 갑절의 생명력인 것이다.

대화의 기쁨

우리는 왜 이렇게 분주한 삶 한가운데서 기도해야 할까? 만약 도와줄 많은 사람이 있고, 추구해야 할 목적이 있고, 해야 할 잡다한 일이 있으며, 양육해야 할 자녀가 있다면 왜 굳이 시간을 내서 기도를 해야 할까?

물론 꾸준하게 규칙적인 기도의 시간을 만드는 데는 여러 가지 이유가 있다. 우리의 가족이 축복을 받기 위해서, 우리의 사역이 열매를 맺기 위해서, 우리가 하나님을 섬기는 기회를 갖기 위해서… 등 많은 이유가 있다. 그러한 이유들은 타당하고 적절한 것이다. 그러나 우리가 기도해야 하는 가장 중요한 이유는 이것이다. 우리가 하나님을 더욱 친밀하게 알 수 있기 때문이다. 우리가 하나님 아버지와의 관계를 더욱 깊게 만들 수 있고, 또한 우리의 생각과 느낌, 관심을 나눈다면 우리는 하나님을 더욱 이해할 수 있게 된다.

나는 존 게스트(John Guest)의 말을 즐겨 읽는다.

> 남편과 부인이 '결혼'이라는 배경막을 가지고 서로 살아가듯이 우리는 하나님과의 '계속적인 관계'라는 배경막을 가지고 전 생애를 살아간다. 하나님은 항상 거기에 계시고, 항상 우리를 사랑하시며, 항상 우리에게서 들을 준비를 하신다.
>
> 우리가 하나님과의 관계를 인식할 때 우리는 하나님의 면전에서 매일 모험과 도전 속에 살 수 있게 된다. 우리는 대화를 즐긴다. 우리가 마치 이렇게 얘기하듯이, "오 이런 나는 이것에 대해서 그분에게 말해야겠는 걸!" (게스트와 스프로울 : Guest and Sproul 1992)

그렇다. 기독교인의 삶의 핵심은 창조주와 우리 사이의 일대일의 관계이다. 여기에서 기도는 그 관계를 깊이 있게 만들고 우리와 하나님과의 유대를 강화시켜주는 수단이다.

3

기도를 할 것이냐 말 것이냐?

당신이 기도하지 않는 이유가 무엇이든지 간에
하나님이 당신에게 주신 귀중한 선물인 기도를
지금 시작해보라.

"우리가 기도할 때마다
우리의 지평선은 변경되며
우리의 태도가 변화된다.
- 때때로가 아닌 매번 변화된다. -
그런데 놀라운 일은
우리는 그 이상
기도하지 않는다는 것이다."

오스왈드 챔버스(Oswald Chambers)

◆◇◆◇◆

일반적으로 하나님과 규칙적이고 지속적인 의사소통을 위해 노력해야 한다는 합의는 햄릿(Hamlet) 같은 내적인 토론을 일으킨다. 기도를 할 것이냐 말 것이냐? 그것이 문제이다.

우리는 꽉 짜인 매일의 스케줄 표를 바라본다. 우리는 뼈가 다 소진함을 느끼며, 몇 시간 동안 너무 많은 일을 할 수 없을 정도로 스트레스를 경험한다. 그러면서 우리는 기도의 시간을 헌신하기 위하여 애쓴다.

잠시 개인적인 얘기를 해보자. 당신은 성공적이고 의미 있는 삶을 위하여 기도가 필수적인 요소라고 생각하는가? 진실되고 개방적이며 풍요로운 하나님과의 지속적인 대화를 유지하고 있는가? 아니면 매번 잽싸게 한마디 내뱉는 기도, 마치 식사 전의 기도가 전부는 아닌가? 당신은 기도하기 위하여 필사적인 시간을 가져본 적이 있는가?

얼마전 소코렌코(John Sokolenko)라는 호주 사람에 관한 신문 기사를 읽은 적이 있다. 그는 부인과의 이혼으로 낙심하게 되었다. 그는 음독자살을 시도했으나 실패했다. 그 다음엔 156알의 진통제를 먹었으나 죽지 않았다.

마지막으로 그는 LPG 가스 밸브를 열고 화염으로 폭발하기를 기다렸다. 잠시 시간이 지났으나 폭발되지 않았다. 그는 집안에 가스가 차 있다는 사실을 잊은 채 담뱃불을 붙였다. 즉시로 엄청난 폭발이 일어났고 집이 무너졌다. 그는 폭발력에 의해 뒷마당으로 날아갔다. 약간의 어지러움과 화상 이외에는 전혀 다치지 않았다. 그는 이 일 후에 결혼이란 모험적인 일이고 부인과 더불어 협력하여 노력하는 편이 훨씬 낫다는 사실을 이해하게 되었다.

우리는 기도에 관하여 우리 중 많은 사람이 이렇게 하고 있지 않는가? 우리는 문제가 점점 더 악화될 때 비로소 하나님께 의존 할 때라고 깨닫는다. 그래서 "하나님, 알았습니다. 메시지 받았습니다. 도저히 제 혼자 힘으로는 이 혼란 속에서 벗어날 수가 없습니다. 도와주세요." 그러나 사도 바울은 우리에게 이렇게 말하고 있다. "쉬지 말고 기도하라"(살전 5:17) 하나님께서는 우리의 상황이 나쁠 때만이 아니라 항상 기도하기를 원하신다.

당신은 마태복음 7장의 유명한 구절을 들었거나 암기하고 있을 것이다. "구하라 그러면 너희에게 주실 것이요 찾으라 그러면 찾을 것이요 문을 두드리라 그러면 너희에게 열릴 것이니 구하는 이마다 얻을 것이요 찾는 이가 찾을 것이요 두드리는 이에게 열릴 것이니라"(마 7:7~8) 이것은 당신과 나에게 주신 위대한 약속이다. 우리는 하나님의 나라에 완전하게 접속되며 그 접속은 우주의 창조자와 접촉할 수 있도록 해준다.

기도에 대한 예수님의 생각은 매우 단순하다.

첫째, 예수님은 구하라고 말씀하신다. 그러므로 머뭇거리거나 망설일 필요가 없다. 명쾌하고 직접적으로 구할 것을 구하면 된다.

둘째, 예수님은 네가 찾으면 네가 구하는 것을 발견하게 될 것이라고 말씀하신다. 하나님은 게임하기를 원치 않으신다. 당신이 순순한 동기로 인도하심과 도우심을 구할 때 하나님은 당신에게 필요한 것을 주신다.

셋째, 예수님은 네가 두드리면 문은 열려질 것이라고 말씀하신다. 문을 쌔게 두들길 필요가 없다. 당신은 하나님을 깨우기 위하여 소리를 지르거나 야단법석 할 필요가 없다. 하나님은 우리를 기다리신다. 하나님은 문에서 약간의 소리가 들려도 마음과 마음의 대화로 당신을 환영하신다.

기도하지 않는 사람들을 위하여 : 통로를 개설하라

만약 당신이 규칙적으로 기도하지 않는다면 한 번 해보라. 당신 자신에게 이렇게 말할지도 모른다.

'나는 기도할 정도로 좋은 사람이 아니야.'
'나는 기도할 줄을 몰라.'
'나는 무슨 기도를 해야 할 줄 몰라.'
'하나님은 내 기도를 듣지 않으실 거야.'

당신이 기도하지 않는 이유가 무엇이든지 간에 하나님이 당신에게 주신 귀중한 선물인 기도를 지금 시작해보라. 지금이 최고의 때이다.

우리가 성경을 무심코 읽을지라도 기도는 하나님께 중요하다는 것을 알 수 있다. 나는 약간의 연구를 통하여 다음과 같은 사실을 발견했다. "기도하다(pray)"라는 단어가 성경 139절에서 146번 나온다. "기도(prayer)"라는 단어는 108번 나오고 기타 많은 파생어들이 있다. "기도들(prayers)"이라는 단어는 27번, "기도중(praying)"이라는 단어는 25번, "기도하다(prays)"라는 단어는 5번, "기도했다(prayed)"라는 단어는 59번이 나온다. 그러므로 스트롱 원어코드 사전(Strong's Exhaustive Concordance : New King James Version)에 따르면 "기도하다(pray)"라는 단어의 몇 몇 형태는 성경에서 370번이 발견된다(스트롱 : Strong 1997). 이 숫자에는 "고백하다, 간청하다, 하나님의 이름을 부르다" 등의 의미의 단어나 구절은 포함되지 않는다. 일반적으로 성경에서 자주 반복되는 단어는 주목할 부분이다. 하나님이 분명히 요점을 강조하기 때문이다. 이런 경우 분명한 요점은 다음과 같다. 기도는 하나님께 아주 중요하다. 왜냐하면 기도는 하늘에 계신 아버지와 더욱 가까운 관계를 발전시키는 방법이기 때문이다.

나의 가장 큰 기쁨 중 하나는 조종사가 되는 것이다. 때때로 화창한 날에 비행을 할 때에는 나는 기도에 대해서 생각하지 않는다. 기도할 이유가 없는 것처럼 보인다. 비행기의 엔진소리가 고르고, 연료는 충분하며, 유압계도 알맞고, 온도도 적절하다. 무선도 주파수가 잘 맞추어져 있고, 적절한 고도로 비행을 하고 있다.

비행기가 덜컹거리고, 날개에 서리가 끼고, 엔진소리가 약간 거칠어지고, 비행기에 가끔씩 요동이 오고, 고도를 잃을 때가 있다. 이때 나는 얼마나 재빨리 기도로 돌아서게 되는지… 놀라운 일이다.

당신이 조종사가 아니었다 할지라도 이와 유사할 수 있다. 우리의 생애가 부드럽게 순환이 될 때는 기도의 조급성을 느끼지 못한다. 그러나 갑자기 짙은 구름이 형성되고 삶이 덜컹일 때 우리는 순간적으로 하나님께 도움을 요청해야 된다고 생각한다.

하나님은 우리가 하나님을 위급한 경우에만 이용하는 하늘의 119 긴급구조대로 생각하기를 원치 않으신다. 하나님은 말씀에 약속하신 대로 구하면 들어주신다. 그러나 우리와 하나님과의 관계에서는 그 이상의 것을 원하신다. 하나님은 우리의 전 생애동안 대화하시고 공유하는 수단으로 기도를 사용하기를 원하신다.

예수님은 기도하지 않는 자들에게 말씀하신다

오늘날도 기도하지 않는 사람들이 있는 것처럼 예수님 당시에도 기도하지 않는 사람들이 있었다. 그래서 많은 청중들에게 이렇게 말씀하셨다.

> "내가 진실로 진실로 너희에게 이르노니 너희가 무엇이든지 아버지께 구하는 것을 내 이름으로 주시리라 지금까지는 너희가 내 이름으로 아무것도 구하지 아니하였으나 구하라 그리하면 받으리니 너희 기쁨이 충만하리라"(요 16:23~24)

예수님은 누군가는 자신의 이름으로 구하지 않는 것을 아셨다. 예수님은 그 당시의 청중들이나 오늘날 우리들에게 우리의 기도가 들려진다는 응답의 확신을 가지고 하나님께 다가갈 것을 말씀하신다. 예수님은 하늘 문을 열고 하나님과 대화할 수 있는 열쇠, 즉 그의 이름을 우리에게 허락하셨다.

당신은 이렇게 얘기하고 싶을 지도 모른다. "나는 하나님과 대화할 수 없어요. 하나님은 왜 내 기도를 들으려고 하시지요?" 사실 하나님은 당신의 이야기를 이미 듣고 계신다.

내가 기독교인이 되기 전인 1960년대에 나는 미국 전역을 지나가는 자동차에 편승하며 도보여행을 하였다. 나는 수개월 동안 시카고(Chicago) 외곽의 한 작은 동네의 초라한 호텔에서 머물게 되었다. 내가 머문 방은 일주일에 10달러로 여인숙의 다락방이었다. 나는 그 근처 장비가게에 직업을 얻었는데 출근하려면 새벽 5시에 일어나야 했다. 그때의 체감온도는 영하 20도에 가까웠다.

저녁때는 시간을 때우려고 여인숙에 앉아 있었다. 나는 친구도 없고 아는 사람도 없었다. 맥주는 10센트, 위스키 한 잔이 35센트, 치즈버거가 45센트였다. 저녁 6시부터 문 닫는 시간인 저녁 11시까지 맥주와 위스키를 번갈아 가며 마셨다. 문을 닫으면 위층으로 올라가 잠을 자고 5시에 다시 출근하는 다람쥐 쳇바퀴 돌듯한 생활을 수개월 동안 반복하였다.

어느 날 밤 커다란 폭풍이 시카고 외각에 불어 닥쳤다. 평소처럼 술집에 앉아서 술을 마시다가 취한 채 의자에서 쿵하고 떨어졌다. 내가 기억하는 것은 완전히 낙담한 채 술집에서 빠져나와 근처를 비틀거리며 걸어갔다. 뼛속 깊이 파고드는 외로움에 외투도, 비옷도, 우산도 없이 하염없이 비를 맞았다. 나는 비틀거리면서 비에 흠뻑 젖은 채 이렇게 울부짖었다. "하나님 도대체 어디에 계십니까? 하나님이 진정으로 계시다면 왜 난 이렇게 텅 비어 있고 외로운 거죠? 당신의 도움이 필요합니다. 거기 계세요? 내 말을 듣고 계시냐구요?"

지금 돌이켜 보면 그때 하나님께서 분명히 듣고 계셨다. 내가 절망적인 상태와 깊은 고통에 있음을 하나님은 아셨다. 그분은 나를 기다리셨다. 그러나 나는 그 당시 하나님께 통하는 길은 그의 아들이신 예수 그리스도를 통해서임을 알지 못했다. 불행하게도 이것을 깨닫는 데는 얼마간의 시간이 필요했다.

결국 나는 남부 캘리포니아로 돌아왔고, 한밤중에 술에 취한 채 뉴포트 비치(NewPort Beach)에 앉아서 하늘을 쳐다보며 하나님께 소리 지르곤 했다. 또 어떤 때는 사막으로 나가서 비행물체가 와서 나를 데려가 나의 불행을 가져갔으면 하곤 기다렸다. 나는 이렇게 하나님께 소리 지르곤 했다. "만약 당신이 계시다면 어디에 계시나요? 도대체 내가 당신을 어떻게 찾을 수 있단 말인가요?"

하나님은 그러한 나의 절망적인 울부짖음을 듣고 계셨고, 나를 위해 어떤 일을 준비하셨다. 나에게 처음으로 예수 그리스도에 대해서 말해준 사람을 우연히 만나게 되었다. 그는 "마이크, 나랑 교회에 가세"라고 전도했다. 하나님은 또 다른 준비를 하셨다. 나는 처음으로 하나님의 말씀이 선포되는 것을 듣게 되었고 사랑의 메시지를 이해하게 되었다.

여전히 당신은 이렇게 말할지도 모른다. "내가 어떻게 하나님과 말을 해? 나는 좋은 사람이 아니야. 나에겐 문제가 많아. 나 자신도 받아들일 수 없어. 하나님은 나 같은 사람과 얘기하지 않으실 거야. 아마도 내가 행동을 깨끗이 하면 그때 들어주시겠지."

그것은 잘못된 생각이다. 예수님은 "내 아버지는 내 이름으로 구하는 모든 것을 주실 것이다. 지금까지 너는 내 이름으로 그 어떤 것도 요구하지 않았다"라고 말씀하신다. 예수님은 우리에게 단순하게 구하라고 말씀하신다. 만약 당신이 기도하지 않는 사람이라면, 하나님은 당신이 기도하기를 초청하신다. 그러므로 당신은 하나님은 귀 기울여 듣는 분임을 이해하는 것이 중요하다.

만약 이것도 충분치 않다면 예수님은 구하는 것 이상을 더해주신다. 당신이 그의 이름으로 무엇이든지 구하면, "당신은 받을 것이요. 당신의 기쁨이 충만하게 될 것이다"라고 말씀하신다. 그것이 응답 받는 기도의 축복이다. 이것은 당신이 어디에서도 얻을 수 없는, 당신의 생애에 있어서 기쁨의 충만함을 얻을 수 있게 한다.

기도하는 사람을 위하여 : 계속 기도하고, 계속 성장하라

사도 바울은 성장하고 있는 여러 교회들을 인도하고 양육하였다. 바울은 사람들에게 기도를 가르쳤다. 더군다나 바울은 계속 기도하는 사람들을 격려했다. 로마교회에 보내는 편지에서 그는 이렇게 쓰고 있다.

> "사랑엔 거짓이 없나니 악을 미워하고 선에 속하라 형제를 사랑하여 서로 우애하고 존경하기를 서로 먼저 하며 부지런하여 게으르지 말고 열심을 품고 주를 섬기라 소망 중에 즐거워하며 환난 중에 참으며 기도에 항상 힘쓰며"(롬 12:9~12)

골로새 도시에 있는 기독교인들에게는 이렇게 쓰고 있다. "기도를 항상 힘쓰고 감사함으로 깨어 있으라"(골 4:2) 바울은 인간의 습성은 기도에 대해서 부주의하고 쉽게 잊는다는 것을 알았다. 그래서 그는 열심을 낼 필요성에 대해서 계속 강조한 것이다.

기도는 영적 성장의 열쇠이다. 지속적인 기도생활 없이 오랫동안 성장하는 기독교인을 상상하기는 어렵다. 그래서 바울은 기도하고 있는 사람들에게조차도 기도의 중요성을 강조한 것이다. "계속 기도하라 그러면 계속 성장할 수 있다."

똑같은 메시지는 과거뿐만 아니라 지금도 적용될 수 있다. 만약 당신의 기도생활이 꾸준하고 확고하다면 그것은 대단한 것이다. 계속 기도하고 계속 성장하라.

당신의 동기를 살펴라

당신은 기도를 하면서도 당신이 원하는 응답을 받지 못한 적이 있는가? 신약성경의 저자인 야고보는 그 이유를 이렇게 말하고 있다.

"구하여도 받지 못함은 정욕으로 쓰려고 잘못 구함이니라"(약 4:3)

구약 선지자인 예레미야가 인간의 상태를 말한 것을 상기해 보면, "만물보다 거짓되고 심히 부패한 것은 마음이라 누가 능히 이것을 알리요마는"(렘 17:9, NKJV 참조)이라고 말했다. 그렇기 때문에 기도의 목적과 의도가 굉장히 중요한 것이다.

하나님은 그의 자녀에게 축복 주시기를 좋아하신다는 것은 성경에서 명백하다. 그러나 하나님은 모든 소망을 들어주시는 지니(genie, 역자 주-아라비아 동화에 나오는 요정)가 아니라는 것도 명백하다. 우리는 이렇게 기도할지도 모른다. "하나님 직장에서 승진 좀 시켜주세요." 이 기도는 그리스도를 위한 증인으로써 라기보다는 자신의 더 많은 권력과 특권을 얻기를 원하는 기도이다. 우리는 또 이렇게 기도할지도 모른다. "하나님 이 일이 잘 성사되게 해 주세요." 이 기도 또한 하나님께 영광을 돌리려기보다는 자신의 욕구에 비중을 두고 있는 것이다.

당신이 구하나 받지 못하는 것은 당신의 기도가 과녁을 잃었기 때문이다. 이 말은 그리스어로 죄를 의미한다(바인 : Vine 1996). 우리의 동기가 과녁을 벗어날 때 우리의 기도도 과녁을 벗어난다. 그러면 적절하게 "목적지"에 갈 수 없다. 하나님은 이기적인 형태의 기도로 우리를 격려하지 않으신다. 그 결과 우리가 구하는 것을 얻지 못하게 된다. 하나님은 우리를 망치기를 원치 않으시고 우리 안에 좋은 품성을 세우기를 원하신다.

로스앤젤레스 타임즈(Los Angeles Times)는 남부 캘리포니아 정신분석학자와의 인터뷰를 실었다. 그는 말하기를 자신의 병원을 방문하는 다섯 명의 청소년 또는 청년 중 네 명은 치료가 불가능하다고 하였다. 왜 그럴까?

"그들 각자는 자신의 세계가 자신이 통제할 수 없는 욕망에 순응할 것을 요구한다"라고 설명했다. "사회는 그들에게 많은 탈출구를 제공해준다. 그래서 그들은 불만족, 쾌락의 연기 또는 책임의 무게 등을 반대하는 자신의 입장을 고수할 필요가 없다."

실망, 쾌락의 연기, 책임감의 무게라는 이 세 가지 힘이 성격을 형성한다. 그 정신분석학자는 덧붙이기를, "만약 인격 장애가 성인시기까지 지속된다면 무기력하게 불안정하고 의존적인 쾌락을 지양하는 사람들의 사회가 될 것이다"라고 하였다.

오늘날 그것이 미국의 현주소다. 막연히 사회에 불안해하며 의존하고 있다. 우리의 생애를 위한 하나님의 의도는 그의 아들인 예수 그리스도의 형상으로 우리를 형성하고 주조하는 것이다(롬 8:28~29). 다시 말하면 예수님을 더욱 닮아 가는 우리의 성격과 마음의 태도를 원하신다. 그분은 우리의 삶을 변화시키는 완성의 수단으로서 기도를 사용하신다.

가장 중요한 결정

인생의 많은 부분은 우리의 결정에 달려있다. 우리는 아프다고 전화하기보다는 자리에서 일어나서 직장에 가는 선택을 할 수 있다. 우리는 TV 보면서 시간을 보내느니 시험공부를 선택할 수 있다. 우리는 사무실에서 몇 시간을 보내느니 자녀들과 시간 보내기를 선택할 수 있다. 그리고 우리는 기도를 위한 시간을 낼지 내지 않을지 결정할 수 있다. 이것이야말로 하루를 기준으로 해서 가장 중요한 결정일 수 있다.

당신은 이 세상이 당신에게 부과하는 많은 것들을 다룰 수는 없다. 그러나 당신이 믿고 있는 하나님은 하실 수 있다. 당신이 믿고 있는 하나님은 기도를 들으시고, 기도에 응답하신다. 당신이 믿고 있는 하나님은 전능하시고 강력하시다. 그의 아들은 만군의 주시며 만왕의 왕이시다(계 17:14). 예수 그리스도 이름 앞에 하늘과 땅

모두가 무릎을 꿇으며 모든 입술이 고백하기를 예수 그리스도는 하나님의 영광의 주님이시다(빌 2:10~11)라고 성경은 증거한다.

만약 당신이 지금 기도하지 않는 사람이라면 예수님께서 이렇게 말씀하신다는 것을 명심하라. "지금까지 너희들은 내 이름으로 어떤 것도 구하지 않았다. 구하라 그러면 받을 것이요 너희 기쁨이 충만할 것이다." 만약 당신이 기도하는 사람이라면 하나님의 말씀은 이렇게 전하고 있다. "꾸준히 기도하라"(골 4:2)

당신이 영적으로 성장하기 원한다면 당신은 꾸준히 기도해야 한다. 이것은 참으로 단순한 것이다. 이제 당신이 기도의 중요성을 인식하고 관심을 가지게 될 때 당신은 기도와 사랑에 빠지게 될 것이다.

4

기도의 우선권

당신의 달력에 기도의 우선순위를 세우도록 스스로를 훈련하라.
매일 일정표를 꺼내서 다가올 달의 모든 날에 기도라고 써서 시작하라.

◆

"만약 당신이
기도할 시간이 없을 정도로
해야 할 일이 많다면,
하나님은 당신에게 주시려고
했던 의도보다
더 많은 일을 당신이 하고 있는 것이다."

무디(D. L. Moody)

◆

◆◇◆◇◆

기도란 아무 때나 하고 안 하고 하는 그런 것이 아니다. 하나님은 기도를 자신과 우리의 관계의 핵심으로 보신다. 기도를 통하여 우리는 우리의 깊은 갈망을 표현하고 우리를 짓누르고 있는 문제에 대해 하나님의 도움을 요청한다.

당신이 가정주부라면 아이를 돌보는 일, 방 청소, 식사 준비 등… 하루 일과가 매우 분주할 것이다. 나는 아내 샌디(Sandy)가 이런 모든 일을 요술을 부리는 것처럼 해온 것을 지켜보았다. 열 살 이하의 다섯 명의 아이들과 거대한 회중을 목회하며 사역 팀을 이끌고 있는 남편을 둔 샌디의 생활은 상상을 초월하는 많은 일을 요구 받고 있었다. 그녀의 기도생활은 그녀를 각성시키는데 필수적인 부분이었다.

나는 존 웨슬리(John Wesley) 어머니의 기도 전략을 읽은 적이 있다. 그녀는 많은 자녀들과 남편의 목회로 인해 매우 분주했다. 그녀는 가정일과 가족의 대소사로 힘이 다 빠질 때면 자신의 조그만 집에서 행주치마를 머리에 뒤집어쓰고 앉아서 기도하곤 했다. 아이들은 이 재미있는 어머니의 모습을 결코 훼방하지 않도록 배웠다. 그때가 어머니의 명상의 시간이요 하나님과의 대화의 시간이었던 것이다.

당신이 대형교회의 분주한 목사이든, 일할 거리가 넘치는 열 명의 자녀를 둔 어머니이든 그것은 중요하지 않다. 책임감이 많고 할 일이 태산 같은 사람들은 시간이 그들의 일생에서 가장 중요한 상품임을 금방 깨닫는다. 그러므로 그들은 자신의 시간을 확보하고 그것을 현명하게 사용하는데 숙련되어야만 한다. 그렇지 않으면 시간은 쉽게 낭비될 것이다.

몇 년 전 나는 위대한 복음주의자요 영적 지도자인 빌리 그래함 목사님과 사적인 자리에서 개인의 기도생활에 관하여 물었다. 그의 말 중에 한마디가 강력하게 내 가슴을 쳤다. 그 말은 몇 년 전 척 스미스 목사님이 했던 말과 똑같았기 때문이다. "쉬지 말고 기도하라." 우리는 집중적인 기도를 위해 특정한 시간을 할애하지만, 그러나 무엇보다도 우리는 매일 하나님과 끊임없는 대화를 해야만 한다.

나는 여러 해 동안 수백 명의 사람들을 상담했다. 나는 그들의 기도생활에 대해 늘 물었다. 가장 곤경에 처한 사람들과 가장 절망적인 상태에서 도움을 요청하는 사람들은 한결같이 똑같은 유명한 말을 했다. "기도할 시간이 없어요."

사실상 우리는 기도하지 않을 시간이 없다. 내 일생 중에 내가 깨달은 것은 기도를 위한 시간은 최고의 우선순위요 절대적인 시간이 되어야 한다는 것이다. 기도가 없다면 나는 방황하고 내 목회, 가족 관계 또는 친구관계가 심각한 위기에 빠질 것이다. 기도는 하나님이 누구신가에 대한 관점에서 나는 누구인가에 대한 관점으로 초점을 맞추게 해 준다. 기도는 내가 왕의 하인이며, 그분은 내가 가진 모든 것을 내게 주었다는 사실을 날카롭게 깨닫게 해 준다. 공동체 봉사나 효과적인 목회로 인하여 내가 받는 어떤 인지도조차도 내가 그분의 하인이라는 사실 때문이다.

기도의 모범을 따르기

예수님의 일생 중에서 다시 한 번 우리는 그분의 아버지와의 의사소통의 수단인 기도가 예수님이 하신 일의 중심이라는 사실을 깨닫는다. 예를 들면, 마가복음 1장에서 예수님은 수많은 군중들이 그의 말씀을 듣고 기적을 보기 위해서 몰려듦으로써 아주 분주한 가운데 있음을 우리는 알고 있다. 예수님은 가버나움에 있는 회당에서 가르치고, 거기서 귀신을 쫓아내고, 그 후에 시몬과 안드레의 집에 가서 열병에 걸려있는 시몬의 장모를 치유해주셨다.

분명히 예수님은 많은 중요한 일을 하셨다. 그의 분주한 사역의 발걸음은 저녁이 되어서도 멈출 줄 몰랐다.

"저물어 해질 때에 모든 병자와 귀신들린 자를 예수께 데려오니 온 동네가 문 앞에 모였더라 예수께서 각색 병든 많은 사람을 고치시며 많은 귀신을 내 쫓으시되 … 새벽 오히려 미명에 예수께서 일어나 나가 한적한 곳으로 가사 거기서 기도하시더니 시몬과 및 그와

함께 있는 자들이 예수의 뒤를 따라가 만나서 가로되 모든 사람이 주를 찾나이다"(막 1:32~37)

예수님은 밤낮으로 사람들을 목회 하느라 분주한 시간을 보내셨다. 그들의 마음을 위로하고, 고통을 치료하고, 아픔을 제거해 주셨다. 예수님께서 그 마을의 마지막 사람을 고친 후에 즉각 그 집을 떠나셨는지, 아니면 몇 시간 주무셨는지 우리는 확실히 알 수 없다. 그러나 우리가 분명히 알 수 있는 것은 예수님은 새벽미명에 홀로 기도하기 조용한 장소를 찾아 나가신 것이다.

나는 제자들이 깨어나서 예수님을 찾는 장면을 상상해 보았다. 그들은 아마도 서로에게 이렇게 말했을 것이다. "너희들 예수님 봤니? 예수님은 어디에 가신 거지? 우리 찾아보자." 그래서 그들은 주변 시골마을을 찾아다녔고 마침내 홀로 기도하시는 모습을 발견했을 것이다.

예수님은 여러 가지 사역으로 인해 기진맥진하였지만 그날 새벽미명에 일어나기로 결심하신 것이다. 예수님께서는 아마도 어촌마을 사람들은 일출 전에 일어난다는 사실을 아셨을 것이다. 의심할 여지없이 그 지방의 어부들은 갈릴리 바다에 나갈 준비를 하기 위해서 배를 준비했다는 사실도 알고 계셨다. 아마도 어부들의 아내들은 아침식사를 준비하고, 아이들은 학교 갈 준비를 하며, 할머니들은 집이나 마당에서 일할 준비를 한다는 것을 알고 계셨다. 예수님은 당연히 군중들 앞에 있어야 한다는 사실도 알고 계셨다. 그래서 예수님은 어느 누구보다도 일찍 일어나 아무도 없는 장소를 발견하여 거기서 하늘의 아버지와 만남을 갖고 있었던 것이다.

그 예수님을 발견한 제자들은 "모든 사람이 예수님을 찾고 있어요"라고 말했다. 이 말은 마치 "아무도 없는 이곳에서 뭐하시는 거예요. 가르칠 사람과 치료할 병든 사람들, 자유롭게 풀어주어야 할 귀신들린 사람들이 많이 있다구요. 예수님이 약속하셨잖아요"라고 말하는 것과 같지 않을까? 예수님은 자신의 권능, 격려, 인도하심의 근원을 알고 계셨다. 그래서 예수님은 조용한 장소에 나가 기도하셨던 것이다.

예수님께서는 기도가 너무 중요하기에 우리가 의도적으로 기도할 시간을 만들어야한다는 사실을 우리 모두에게 직접 보여주신 것이다. 우리 모두는 분주하다. 우리의 스케줄은 여백이 없다. 비록 우리는 중요한 일을 못하는 한이 있더라도 기도할 시간은 만들어야 한다. 그러나 우리는 기도하기 위한 시간을 내기 위하여 스케줄을 짜는 것보다 더 필요한 일이 있다. 그것은 우리는 기도에 대한 우리의 태도에 근본적인 변화를 가져야 한다. 기도는 우리가 하는 모든 일의 근본이요, 초석이라는 사실을 알아야 한다.

기도는 빛 가운데 우리를 지켜준다

몇 가지 이유 때문에 기적은 미국보다 다른 나라에서 더 많이 일어나는 것 같다. 아시아 국가나 다른 나라에서는 육체적으로 병든 사람과 귀신들린 자가 치유되었다는 많은 보고가 있다. 나는 미국 이외의 나라에서 이러한 기적이 더 많이 일어나는 이유는, 그들은 모든 것을 지식적으로나 논리적으로만 이해하지 않기 때문이라고 생각한다. 그들은 하나님이 그들과 함께 계시며 그들 중에 계신다고 느낀다. 그들은 모든 일이 일어나는 것에 대하여 합리적인 설명을 할 필요가 없다. 그들은 바라는 대로 그들 가운데 성령의 역사가 일어나는 것을 믿는다.

몇 년 전에 나는 멕시코 구아다라자라(Guadalajara)에 대형 전도집회를 인도한 적이 있다. 그날 밤 도시공원의 야외 광장에는 사람들로 꽉 차 있었다. 그야말로 발도 디딜 틈이 없는 북새통이었다. 그때 나의 스승이신 척 스미스 목사님이 우리와 함께 참여하셔서, 우리와 기도하며, 우리가 주최하는 목회자 모임에서 연설하기 위해서 비행기를 타고 오셨다. 척 스미스 목사님은 한 번도 국제적인 전도집회에 참여한 적이 없었다. 나는 목사님에게 우리가 하고 있는 일로 감명을 드리고 싶었다. 그래서 나는 철저히 준비했다. 내가 생각할 때 가장 위대한 세 가지 요점의 복음적인 설교를 준비했다. 나는 수 시간 동안 이 설교를 연습했다. 빌리 그래함 목사님도 경탄할 만한 그런 내용의 설교라고 자부했다.

우리 모두는 기도로 충만해 있었다. 그곳에 하나님께서 기적을 베풀어 달라고 간구했다. 그러나 내가 설교할 시간이 되었을 때, 마귀는 대중연설 체계를 무너뜨려 버렸다. 모든 마이크에 연결된 전기코드가 불이 나 버렸다. 나는 내가 앉은 연단에서 불꽃이 날아오는 것을 볼 수 있었다. 그 불빛은 야외 밖으로 날아가 버렸다. 주 회로장치가 불이 붙어서 모든 것이 과부하로 정전되어 버린 것이다. 설교할 방법이 없었다. 나는 이 사실을 도저히 믿을 수가 없었다.

내가 할 수 있는 일은 준비했던 최고의 설교는 내버리고 될 수 있는 한 큰소리로 군중에게 외쳤다. "여러분은 방금 전 30분 동안 연주된 음악을 통하여, 여기 있는 음악전도 팀으로부터 예수 그리스도의 복음을 들었습니다. 여러분은 예수 그리스도가 왕이라는 것, 하나님의 아들이라는 것과 우리의 죄를 위해 십자가에 못 박혀 돌아가셨다는 것, 무덤에 장사지낸 것과 죽음으로부터 부활하셨음을 들으셨습니다. 예수님은 여러분이 죄를 회개하기를 원하십니다. 여러분이 회개하면 그분은 여러분에게 영생을 주십니다. 이제 예수 그리스도를 영접하고 영생을 얻기 원하는 사람은 앞으로 나오십시오. 어둡지만 여기까지 나오십시오."

수천 명의 사람들이 앞으로 나왔다. 나는 시계를 살펴보았다. 내가 즉석에서 제안한 제단으로의 초청은 5분 정도가 소요되었다. 그리곤 앉아서 혼자 중얼거렸다. '얼마나 멋진 설교였는가!'

집회가 끝나고 나는 척 스미스 목사님에게 말했다. "목사님께서 오늘 밤 가장 두드러진 세 가지 요점의 복음적인 설교를 들으셨습니다."

목사님은 "글쎄"라고 하면서 "주님께서 그것보다 더 잘하셨던 같은데, 마이크"라고 하셨다.

물론 당연히 그렇다. 척 스미스 목사님과 그날 밤 참석한 모든 사람들은 그 장소에서 성령님의 역사하심에 크게 감명을 받았다. 그것은 분명히 나의 즉각적인 제단으로의 초청 때문이 아니라 성령님의 역사하심 때문이었다. 우리는 열심히 기도했고 하나님께서 전도집회에 임하셨고 다시 한 번 마귀의 계획을 무너뜨리고 승리하게 하셨다.

힘의 근원을 접속하라

구아다라자라(Guadalajara)에서의 나의 경험은 전 세계적으로 설교의 왕자라고 알려진 찰스 스펄전 목사님의 유명한 구절을 인용케 하였다. "나는 열 명의 사람에게 설교를 가르치느니 한 사람에게 기도를 가르치는 것이 낫다."

찰스 스펄전 목사님은 20대의 젊은 나이에 대중연설 시설이 없이 한 번에 2만 5천명의 사람들에게 설교을 했다. 런던 전체 도시의 사람들이 그를 사랑했다. 그가 설교할 때 모든 예배의 자리는 꽉 차 있어서 서 있을 자리밖에 없었다. 그는 교회 안에 신학교를 세워서 수백 명의 사람을 효과적인 교사와 설교자로 훈련시켰다. 그러나 설교자 중의 설교자인 스펄전 목사님도 기도가 자신의 목회 중에서 가장 핵심적인 요소임을 간파했던 것이다.

우리는 기도로 전도집회를 철저히 준비하면서 하늘로부터 힘의 근원이 직접 흘러 내려옴을 체험하였다. 존경받는 기독교 지도자인 앤드류 머레이(Andrew Murray)는 이렇게 말했다. "교회를 기도로 결집하는 사람이야말로 역사상 세계 복음화에 가장 큰 공헌을 하는 사람이다."

기도에 대한 적절한 태도를 개발하라

신약성경에서 기도의 가장 모범적인 본보기 중의 한 사람은 사도 바울이다. 바울은 사랑하는 제자인 디모데에게 보내는 편지에서 이렇게 쓰고 있다. "그러므로 각처에서 남자들이 분노와 다툼이 없이 거룩한 손을 들어 기도하기를 원하노라"(딤전 2:8) 이 간결한 구절에서 바울은 우리의 기도생활에 힘을 주는 세 가지를 말하고 있다.

첫 번째, 각처에서 기도해야 한다. 우리는 경기장에서, 서핑이나 오토바이를 타는 중에, 태권도를 배우는 중에, 또는 테니스 경기 중에, 시의회 모임 중에, 시험 보는 중에 기도할 수 있다. 우리가 있는 어디서라도 우리의 왕과 지속적인 대화를 유지할 수 있다.

두 번째, 거룩한 손을 들면서 기도해야 한다. 이것은 하나님이 찾으시는 신체의 위치가 아니라 마음의 위치이다. 바울의 가르침은 우리의 자세와는 전혀 관계가 없으며 우리의 순수함과 전적인 연관을 맺고 있다. 거룩한 손을 든다는 것은 완전한 항복을 내포한다. "내 인생은 당신의 것입니다. 내가 하나님께 겸손과 감사함으로 다가갑니다. 나는 하나님을 영광스럽게 하기 원하며 내가 하나님을 얼마나 사랑하는지를 고백하길 원합니다."

우리는 분노 없이 거룩한 손을 들어야한다. 우리는 자주 하나님과 얘기할 때 화를 낸다. 우리는 어떤 사람으로 인해 미칠 지경에 이를 수 있다. 사장님, 집주인 또는 이웃 때문에…. 우리에게 잘못한 어떤 사람에게 원한을 품을 수도 있다. 이것이 바울이 여기서 언급한 "마음의 상태"이다. 우리가 기도할 땐 우리 속에 어떤 분노도 없이 거룩한 손을 들어야 한다. 그리고 이렇게 기도해야 한다. "주님이시여, 나와 똑같은 당신의 피조물 중 한 사람에게 내가 왜 화를 내야 합니까? 저에게 더 큰 동정심과 자비하심을 주소서!" 하나님의 도우심으로 우리는 사람들에게 더욱 인내할 수 있는 것이다. 그리고 우리는 다른 사람을 더욱 받아드릴 수 있게 된다. 우리가 깨닫는 것은 하나님이 그러셨던 것처럼 모든 사람을 사랑하라고 하나님이 부르신다는 것이다.

세 번째, 바울은 우리가 의심 없이 기도해야 할 것을 말하고 있다.

우리는 '하나님이 우리의 기도를 들어 주실까?' 하고 얼마나 자주 의심하며 기도를 하는가! 우리는 얼마나 자주 다음처럼 생각하는 가! '내가 구하기는 했지만 내가 구한 것을 하나님이 해 주실 수 있는지 나는 확신이 없어. 하나님이 이번 주에 여분으로 20달러를 더 주실 수 있을까? 나는 확신 못해. 하나님이 어디서 그 20달러를 얻어 주신다는 거야? 하나님이 나의 관계의 상처를 아물게 해 주실 수 있을까? 아니야, 하나님은 너무 바빠서 내 작은 요청을 들어 주실 수 없을 거야. 내 문제들과 내 삶의 상황에 하나님은 전혀 무관심하셔.'

바울은 우리에게 확신과 자신감을 가지고 기도하라고 말하고 있다. 이것이 하나님이 우리에게 원하시는 것이다. 우리는 하나님이 응답해 주실 것을 믿어야 한다. 하나님은 어떻게 응답하시고, 언제 응답하시고, 어디서 응답하실 지를 우리는 모르지만, 그러나 하나님이 응답하실 것을 의심 없이 믿어야 한다.

즉석에서 기도하라

기도가 우리 인생의 우선순위라면 성령님이 우리가 기도하도록 촉구하심을 종종 느낄 수 있다. 우리는 직장생활을 하면서도 고통에 처한 친구를 위해 기도해야 한다는 강권적인 느낌을 받는다. 우리는 고속도로에서 차를 타고 가다가 기도를 시작해야 한다는 것을 느낄 수도 있다. 왜 우리가 기도를 강요받는지는 모른다. 길에서 갑자기 사고가 날 수도 있고 우리 뒤에서 이미 사고가 났을지도 모르기 때문이다.

최근 추수감사절 주말에 내가 살고 있는 샌디에고에서 큰 비극이 일어났다. 세 번의 끔찍한 화재가 3일 연속 발생했다. 숲 속으로 불이 번져 일주일 동안 통제할 수 없는 상황이 되어서 100여 가구 이상이 불타 버렸다. 그 주일에 나는 자동차를 타고 가다가 라디오 뉴스를 들었는데 한 노파가 쓰레기 깡통에서 점화된 불로 인해 집이 전소되어 죽었다는 것이다. 그 뉴스의 보도는 존 웨인 공항(John Wayne Airport)의 오렌지(Orange) 시티에서 100마일 북쪽에 충돌한 조그마한 합승 비행기의 이야기에 묻혀 버렸다. 나는 즉각적으로 그 사고로 인하여 가족을 잃게 된 엄마들, 아빠들, 그리고 자녀들을 생각했다. 하나님은 내 마음에 이러한 생각을 일으키셨다. 그래서 나는 기도했다.

내가 말하고 싶은 요점은 매일 우리 주변에는 문제와 위기가 있다. 이런 상황은 우리에게 기도를 필요로 하게 한다. 기도가 우리에게 가장 중요한 것이 될 때 성령님은 우리를 이끄셔서 다른 사람을 위한 중보기도를 하게 하신다. 그리고 나면 하나님은 세상의 상처를 치료하시고 세상의 공포를 잠잠케 하신다.

기도는 우리의 최고 우선순위가 되어야 한다. 기도는 모든 사람들 - 교황들, 신부들, 목사들, 엄마들, 아빠들, 그리고 아이들, 사장들, 노동자들, 그리고 감독관들, 장성들, 수상들, 그리고 대통령들에게도 반드시 해야 하는 의무(a must)가 되어야 한다. 어느 누구도 법을 넘어갈 수 없다. 마찬가지로 어느 누구도 기도의 선물과 책임감을 넘어갈 수는 없다.

당신의 달력에 기도의 우선순위를 세우도록 스스로를 훈련하라. 매일 일정표를 꺼내서 다가올 달의 모든 날에 기도라고 써서 시작하

라. 그 다음에 하루 하루가 지나면서 기도를 하지 않았던 날은 지워라. 그러면 당신은 얼마나 기도에 우선권을 두고 살아가는 지를 봄으로서 특정한 목표를 세울 수가 있다.

   기도를 하는 것은 시간이 걸린다. 우리는 기도하는 시간을 헌신해야 한다. 예수님은 새벽미명에 일어나 조용한 장소로 가셔서 거기서 기도하셨다. 우리 모두 그의 모범을 따르자.

5

기도와 믿음을 쌓아가는 벽돌

우리 모두는 인생의 벽돌을 쌓아간다.
우리가 쌓아가는 벽돌은 상황들, 직업들, 관계들, 교육적 기회들과
기타 많은 것이 합해져서
성숙한 개인으로 우리를 발전시켜준다.

◆
"하나님의 모든 위대한 운동은
무릎 꿇는 모습으로 추적할 수 있다."

무디(D. L. Moody)
◆

◆◇◆◇◆

우리 모두는 인생의 벽돌을 쌓아 간다. 우리가 쌓아 가는 벽돌은 어린아이들이 노는 장난감 블록이 아니다. 그것은 상황들, 직업들, 관계들, 교육적 기회들과 기타 많은 것이 합해져서 성숙한 개인으로 우리를 발전시켜준다.

예수님은 벽돌을 쌓는 원리를 믿으셨다. 우리가 집을 지을 때, 또는 우리가 인생을 지을 때 우리의 선택에 관해서 이렇게 가르치셨다. "그러므로 누구든지 나의 이 말을 듣고 행하는 자는 그 집을 반석 위에 지은 지혜로운 사람 같으리니 비가 내리고 창수가 나고 바람이 불어 그 집에 부딪히되 무너지지 아니하나니 이는 주초를 반석 위에 놓은 연고요"(마 7:24~25)

이 말씀에서 하나님이 기도의 역할을 특별히 강조하셔서 나의 일생을 사용하셨던 몇 가지 벽돌을 묘사하려 한다. 나는 하나님께서 기도를 통하여 목회를 시작하시고 힘을 주신다는 사실에 대해 생생한 증인이다. 나는 다음 몇 페이지에서 당신의 인생을 위해 하나님이 벽돌을 쌓아 가신다는 새로운 인식을 갖게 하고 기도와 사랑에 빠지기를 격려 할 것이다.

음악, 음악, 음악

나는 항상 음악을 사랑했다. 어린 시절 이후로 음악은 내 인생의 일부였다. 성장하면서 나는 트럼펫이 가장 멋지게 생긴 악기이며 악단에서 중심이라고 생각했다. 나는 어린 시절과 청소년 시절에 수년 동안 트럼펫 레슨을 받았다.

내 젊은 시절에는 해리 제임스(Harry James)가 가장 유명한 트럼펫 연주자였다. 지금도 생생하게 기억하는 일은, 내 친구 중에 한 명이 해리 제임스의 연주하는 사진에 친필사인을 받았다. 그 친구는 그것을 나에게 선물로 주었다. 나는 그때 겨우 4학년이었는데 열 살짜리 어린아이인 나에게 이것은 엄청난 충격이었다. 내 큰형인 데이비드(David)는 재즈를 사랑했다. 그래서 나는 조지 시어링(George Shearing) 같은 부류의 음악과 위대한 재즈 가수이며 트럼펫 연주자인 루이스 암스트롱(Louis Armstrong)의 음악을 들으며 자랐다.

게다가 나의 어머니도 음악에 대한 재능과 열정이 있었다. 어머니는 피아노 레슨을 한 번도 받지 않았지만 피아노 앞에 앉으면 부기-우기(boogie-woogie)나 랩소디(rhapsodies)를 쉽게 연주하셨다. 1950년대에 TV는 아주 작고 토끼 귀 같은 안테나가 TV 위에 설치되어 있었다. 그리고 흐릿한 흑백영상으로만 볼 수 있었다. TV 프로 중에서 '노래 제목을 맞추세요(Name That Tune)'라는 퀴즈쇼가 있었다. 어머니는 연주되거나, 휘파람으로 불거나 또는 콧노래로 불려지는 모든 곡목의 제목을 다 맞추었다. 어머니는 최근의 빅 밴드의 이름, 재즈, 발라드, 심포니 등 최신식의 노래 제목을 모두 알았으며 심지어는 당시 막 나오기 시작한 엘비스 프레슬리(Elvis Presley)의 노래도 낯설어 하지 않았다.

내가 고등학교 1학년 때 트럼펫은 더 이상 내 인생의 일부가 아니라고 깨달았다. 우리는 밴드부 연습을 마치면 과학실험실 수업종이 울리기 전에 문밖으로 나가 현관을 거쳐서 실험실에 가는데 늘 지각을 하곤 했다. 그때 거기서 맞닥뜨린 예쁜 여학생들 한 가운데서 첫 번째로 어색함을 느꼈다. 커다란 검은색 트럼펫 케이스를 팔에 들고 걸어가는 것은 멋지거나 잘생겨 보이는 것이 아니라는 것을 알게 되었다. 나중에 기타를 악기로 선택했을 때 나는 약간 관심을 가지고 배웠지만 어쨌든 음악에 대한 열정을 잃은 적은 없었다.

마라나타(Maranatha) 음악

하나님은 이러한 나의 음악적 재능을 도움과 관심이 필요한 목회 영역으로 이끌어서 사용하셨다. 캘리포니아 주의 코스타 메사(Costa Mesa)의 갈보리교회(Calvary Chapel)는 전도집회라는 새로운 사역을 갖추어 가기 시작했다. 나는 그 당시 1년 반 된 크리스천이었지만 '마라나타' 음악이라고 알려진 이 놀라운 사역의 관리자로 참여하게 되었다.

그 당시 시절을 회상해 보면 하나님이 왜 나를 그런 위치에 두셨는지 인식하는 데는 시간이 걸렸다. 그저 내가 생각했던 것은 음악가를 위한 연주행사를 계획하고, 할리우드(Hollywood)에 가서 ASCAP(미국 작곡가, 작가, 그리고 출판업자 협회)를 만나고, 출판회사를 설립하는 것은 나의 미래를 위한 디딤돌과는 전혀 관계없는 것이라 생각했다. 나는 처음에는 음반 회사에 가서 음반을 만들고 출시된 음악을 도매나 소매로 내보내는 방법들을 배우는 것이라 생각했다.

지금 생각해보면 전혀 그런 것이 아니었다. 사실상 그 사역은 하나님의 우선적인 관심이 아니었다. 하나님은 이때에 내 인생에 음악으로 벽돌을 쌓도록 시간을 사용하신 것이다. 나는 하나님의 학생이었고 하나님은 그분의 방식으로 나를 훈련시키며 교육하시기 위해 사역의 현장을 사용하신 것이다.

당신은 시편 32편 8~9절을 아는가? 거기서 하나님은 이렇게 말씀하고 계신다. "내가 너의 갈 길을 가르쳐 보이고 너를 주목하여 훈계하리로다 너희는 무지한 말이나 노새 같이 되지 말지어다 그것들은 자갈과 굴레로 단속하지 아니하면 너희에게 가까이오지 아니하리로다"(NKJV 참조).

이 구절은 마치 나를 향한 말씀으로 다가왔다. 나는 하나님의 목회 훈련 프로그램에 있었다. 나는 가고 싶은 곳 어디에라도 돌아다니는 자유로운 영혼이었다. 하나님은 그 자유로운 영혼을 거두셔서 믿음으로 훈련을 시키시고 하나님이 선택하신 방향으로 가게 하신 것이다. 모든 창조의 하나님은 나에게 기도하도록 가르치셨다. 그리고 하나님은 기도를 통하여 하나님께서 성취하시려고 나를 위해 계획하셨던 내 삶과 목회에서 하나님의 뜻을 알 수 있고 이해할 수 있도록 가르치셨다.

성경에는 중요한 세 가지 행동 강령이 있다. 교육하라, 가르치라, 그리고 방향을 알려 주라. 우리가 맞이하는 도전들에 대한 모든 "방법론"을 이해하는 것은 어렵다. 이 구절에서 하나님께서는 우리 각자에게 개인적인 관심과 상담을 주신다고 약속하신다.

수년 동안 하나님의 인도하심을 따른 후에 나는 흥미로운 사실을 발견했다. 하나님은 우리를 인도하시는데 그의 시선을 사용하신다.

위와 같은 인도하심의 예를 한 번 살펴보자. 당신과 내가 모든 사람들이 대화하는 많은 사람들의 모임 속에 있다고 하자. 만약 내가 당신에게 뭔가를 지적하기를 원한다면, 그러나 대화를 방해하고 싶지는 않을 때 나는 당신에게 눈짓을 준다. 비록 당신이 방 건너편에 있다할지라도 내가 당신을 쳐다보면서 눈짓으로 원하는 방향을 말할 수 있다. 그렇게 되면 당신은 어떠한 말을 듣지 않아도 크고 명쾌하게 그 메시지를 받을 수 있다.

같은 방식으로 하나님은 "시선의 접촉"을 통하여 우리를 인도하시며 안내하신다. 그러나 그 의미가 우리가 그분의 얼굴을 보아야 한다는 것은 아니다. 이것은 분명히 의사소통의 개인적 수단이며 다윗이 시편 32편에서 표현한 것처럼 하나님은 비인격적이며 멀리 떨어진 분이 아니라 개인적이며 친근하다는 사실을 우리에게 상기시킨다. 그분의 아들이신 예수 그리스도는 우리의 개인적인 주님이시며 구세주이시다.

기도를 통해서 만이 하나님과의 눈과 눈의 접촉을 허락하는 이 친근하고 개인적 관계를 우리는 발전시킬 수 있다. 이것은 그분이 우리를 교육하시고, 가르치시고, 우리의 인생의 필요한 개인적 방향을 주시는 관점에서 시작된다. 의심할 여지없이 마라나타 음악 시절 동안에 나는 청지기 직분을 배운 것이다. 이 시기 중에 예산을 집행하는 방법, 제때에 세금을 내는 방법, 새로운 관리와 사업기술을 개발하는 방법, 젊은이로서 내가 성장하고 성숙하는데 필요한 모든 경험을 배웠다. 그러나 내가 배운 것 중에 가장 중요한 교훈은 기도에 관한 것이었다. 초창기 사역시절에 내 인생에서 가장 중요한 벽돌 쌓기는 기도였다.

그릿 시냇가

나는 초창기 사역시절에 주급으로 75불을 받았다. 마라나타 음악을 관리하던 일 년 후에는 주당 150불을 받았다. 그때 나는 이미 세 명의 자녀와 아내를 부양해야 했다. 그 힘들었던 시절을 통하여 하나님은 나에게 인생의 기본적인 생활부터 하나님께 의존해야 함을 가르치셨다. 만약 그것보다 더한 어떤 수입이 있었다면 그것은 하나님이 나의 삶에 풍성함을 주시는 것임을 깨달았다. 나는 이 초창기 시절에 사역자로써의 나의 성장을 "그릿 시냇가"라고 부른다. 이 이름은 이사야 선지자의 생애의 경험을 통해서 온 말이다.

"여호와의 말씀이 엘리야에게 임하여 가라사대 너는 여기서 떠나 동으로 가서 요단 앞 그릿 시냇가에 숨고 그 시냇물을 마시라 내가 까마귀들을 명하여 거기서 너를 먹이게 하리라 저가 여호와의 말씀과 같이하여 곧 가서 요단 앞 그릿 시냇가에 머물매 까마귀들이 아침에도 떡과 고기를, 저녁에도 떡과 고기를 가져왔고 저가 시내를

마셨더니 땅에 비가 내리지 아니하므로 얼마 후에 그 시내가 마르니라"(왕상 17:2~6)

그 시절에 제한된 개인적 자금으로 매일 우리식탁에 음식을 가져오기 위하여 몇 센트를 쥐어 짜내고 몇 달러를 아껴 써야 하는 것을 배웠다. 내게 있어서는 이런 광경을 목도하는 것은 기적이었으며 실로 수년이 지난 지금도 경이롭게 여겨진다. 또한 이것이 나의 모든 초점을 주님께로 모아서 맥킨토시(MacIntosh) 집안에 필요한 모든 것의 공급자가 주님이시라는 것을 깨달았다. 이 경험은 목회자금에 대해서도 하나님의 사업을 어떻게 관리하고 낭비와 사소한 지출까지도 볼 수 있는 눈을 열어주셨다.

내가 샌디에고에서 목사로 준비되던 시절에 하나님은 나에게 문제나 의심 없이 이해할 수 있는 많은 실제적 수업을 가르치셨다. 하나님은 나에게 사업과정, 믿음의 과정, 그리고 모든 것의 기도과정을 가르쳐 주셨다. 나는 내 자신을 '마라나타! 음악(Maranatha! Music)의 관리자'라고 생각했다. 그러나 그것은 나의 그릇된 생각이었다. 그 경험은 하나님께서 단지 내가 음악을 즐기고, 작가들과 음악가들에게 최고의 앨범을 만들도록 자극하며, 기독교 음악의 새로운 혁신을 준비하기 위한 것이 아니었다. 하나님은 미래의 30년 후를 내다 보셨던 것이다.

나는 사무실에서 홀로 무릎을 꿇고 갈보리교회(Calvary Chapel)의 각 음악 사역팀 하나하나를 위해 기도했으며, 각 음악과 싱어, 그들의 가족 멤버 한 명 한 명을 위해 기도를 했다. 나는 전화요금, 사무재료, 우표 값, 그리고 음악가들과 장비를 연주회장에 실어 나르는 미니버스의 기름 값을 위해서도 기도하는 법을 배웠다. 나는 강당 임대료, 전기와 음향 임대료, 포스터, 전단, 햄버거와 감자튀김에 대해서도 기도하는 법을 배웠다. 당신이 목회나 사업을 준비하는데 돈이 없을 때 당신은 기도할 필요가 있다. 그것이 내가 배운 교훈이다.

이 수업들은 지금까지 30여년 동안 나를 유지해 주고 있다. 하나님의 일을 위해 물질이 필요할 때 우리는 목회사역에서 하나님을 바라보는 것이지 인간이나 고마운 매달 우편후원자들을 바라보는 게 아니다. 그 일이 하나님의 일이라면 그것을 위해서 하나님은 돈을 지불하실 것이다. 하나님의 사람들이 영적이라면 그들은 누구를, 무엇을 지원해야 할 것인가를 안다. 그러므로 다른 사람들의 팔을 꺾어서 죄책감을 느끼게 하여 억지로 주님의 일을 하도록 강요할 필요가 없다.

만약 당신이 의료 보험이 없다면, - 사실 우리 가족은 없었다 - 당신의 세 자녀가 아플 때 기도하는 것을 배운다. 당신이 맹장염이 걸렸는데 병원에 갈 수단이 없을 때 당신은 기도하는 것을 배운다.

내가 그러한 경험을 회상해 볼 때 하나님께서 나에게 육체적인 영역에 어려움과 연단을 허락하셔서 영적인 영역으로 나를 성장시키셨다는 것을 깨닫는다. 인간으로써 우리가 원하는 것이나 필요하다고 생각하는 것이 없을 때 불평하며 불만을 갖는 게 우리 인간의 속성이다. 우리가 주변에 무슨 일이 일어나는지 이해하지 못할 때 우리의 상황이나 직업에 대해서 씁쓸하며 환상에서 깨어나게 된다. 그러나 우리 편에 계신 하나님으로 인하여 우리는 기도의 용사가 될 수 있다. 우리는 하나님과 의사소통을 배울 수 있으며 "내막(lowdown)을 알 수 있게 된다." 그때 하나님의 보좌 앞에서 우리는

"내막을 알게 된다."

샌디에고에서의 목회

나는 나의 아내 샌디와 캘리포니아, 산타 아나(Santa Ana)의 오래된 농장 집에서 살았다. 그 집 뒤에는 2층짜리 집이 있었다. 그래서 우리는 친구들에게 임대를 했다. 척(Chuck)과 버틀러(Carol Butler)에게는 매달 75불에 아래층을 임대했고, 던(Don Abshere)에게는 매달 75불에 위층을 임대했다. 매달 은행 융자 내는 돈이 183불이어서 임대수입 외에 우리는 한 달에 33불만 지불하고도 50년 된 2개의 화장실이 달린 방 4개짜리와 주변에 오렌지와 아보카도 나무가 둘러싸인 농장 집에 살 수 있게 되었다.

당신이 보다시피 하나님은 우리의 삶의 모든 것을 우리를 가르치시는데 사용하신다. 그리하여 하나님이 우리를 책임지시고 돌봐주신다. 비록 샌디와 나는 아주 적은 봉급을 받았지만 적은 융자금으로 우리의 필요를 넘어서는 그 큰집에서 살 수 있도록 하나님께서는 보상해주셨다.

월요일 저녁 성경공부

던(Don)은 명랑하고 유쾌한 성품을 지닌 진실한 친구이다. 그는 젊은 크리스천으로써 성경을 배우고 가르치는데 열정적이었다. 그는 매일 새벽 4시부터 일터에서 목수와 농부로써 생활비를 벌었다. 저녁에는 피곤에 지쳐있음에도 불구하고 교회의 모든 예배에 참석하였고 내가 가르치는 모든 성경공부에 참석하였다.

그는 샌디에고에 사는 친구들에게 초청받았다. 히피세계와 마약세계를 금방 빠져나온 5명의 친구들에게 성경공부를 하게 되었다. 그들은 매주 월요일 저녁에 만나서 기도했고 그들의 친구인 던이 와서 가르치기를 바랬다. 그래서 매주 월요일 오후에 던은 우리 뒷마당으로 나타나서는 샌디와 나에게 기도를 요청하고 200마일의 왕복 자동차 여행과 흥분된 5명의 크리스천의 성경공부를 위해서 안수기도를 부탁했다.

그는 종종 이렇게 말했다. "마이크(Mike) 나랑 같이 내려가서 말씀 좀 전해줄 수 없을까?" "안 돼, 던! 5명 때문에 200마일 왕복여행을 하라고?" 나는 그렇게 대답했다. "절대 안 돼, 나는 지금 맡고 있는 일도 많아. 가르치고, 연주여행하고, 감독하는 일도 바빠."

어느 누구도 우리 뒷마당에서의 5분간의 월요일 오후 저녁기도가 미래의 수만 명의 인생을 변화시키리라고는 생각지 못했다. 나의 인생이 그들 중에서 가장 많은 도전을 받았고 가장 큰 변화를 겪었다.

16주 동안의 헌신

수개월 동안 던은 샌디에고로 내려가자고 나를 초청했다. 매번 나는 그에게 똑같은 대답을 했다. 몇 달 후에 성경공부모임이 10명에서 15명이 모이게 되었다. 10명에서 15명이라는 소수의 사람이라는 이유로 성경공부를 거절한 것은 아니었다. 그 당시에 나는 많은 다른 책임이 있었다. 샌디에고 모임은 이미 지나치게 꽉 짜인 스케줄 안에 짜 맞출 수 없었다. 그러나 몇 가지 이유로 월요일 저녁 성경공부를 위하여 샌디에고에 내려가서 가르치기로 결심하였다. 어느 누구도 그렇게 하라고 시킨 사람은 없었다. 사실상 알게 모르게 성령에 이끌려 하나님께서 세상 창조 이전에 나를 위해 준비하셨던 (엡 1:4) 특별한 영역으로 들어간 것이다. 그 외에 내가 만약 수 주 동안 가르친다면 던이 매주 나를 귀찮게 초청하는 소리를 듣지 않아도 될 것이라 생각했다.

나의 헌신은 이 작은 모임에게는 단순한 것이었다. 나는 1974년 6월부터 16주 동안 매주 마가복음 1장부터 가르쳤다. 나는 성경의 기본적인 이해를 갖도록 도와주었고 예수 그리스도라는 인격을 사랑하도록 성장시켰다. 그리고 나는 "나의 아버지의 일"(눅 2:49)에 복귀하여 북쪽 100마일 위에 있는 내 이웃으로 돌아올 예정이었다.

그 모임의 사람들은 재미있는 사람들이었고 모두 20대였다. 그들은 영적으로 성장하기를 원했고 개인적으로 하나님을 알기를 원했다. 그들이나 나는 전혀 알지 못했으나 하나님은 이 조그만 모임을 선택하셔서 그들에게 뭔가를 하시고 그들을 통하여 사도행전에 기록된 놀라운 일을 하게 하신 것이다. 우리는 매주 성경공부를 기도로 시작하여 기도로 마쳤다. 시작할 때부터 나는 항상 그들이 함께 기도할 수 있도록 가르쳤고 성경이 가르친 대로, 서로를 위해 기도하게 하였다. 실로 기도는 출발부터 이 모임의 주춧돌이었다.

거실에서의 기도

이 작은 모임은 서로를 위해, 그리고 개인적인 상황을 위해 기도하면서 그들 사이에 벽이 무너지기 시작했다는 것을 나는 알게 되었다. 이 작은 모임의 기도는 서로의 문을 열고 서로를 투명하게 했다. 모임의 각 개인들이 서로의 기도를 들으면서 하나님과 마음을 공유하면서 그들은 서로에게 밀접하게 되었다. 거실이 노래와 성경공부와 우정의 관계로 채워졌을 뿐만 아니라 기도로도 채워졌다.

하나님은 늘 그렇듯이 나를 초월하는 계획 속에 도저히 믿을 수 없는 일을 진행하셨다. 3개월 만에 우리모임은 75명이 되었다. 나는 그들에게 개인적인 복음주의를 가르칠 수 있는 기회를 가졌다. 나는 그들에게 150장의 전단지를 나눠주면서 그들을 도전시켰다. 그 다음 주 월요일 저녁에 우리는 한 중학교 강당에서 만나기로 했다.

그들은 도전을 받아들여서 전단지를 나눠주었고 다음 주에 놀랍게도 강당에 150명이 모였다. 그 주에 300장의 전단지를 발행하여 그들과 그 대중들에게 나눠주었다. 똑같은 강당에서 다시 돌아와 만날 것을 알렸다. 나는 새로운 신자들이 예수 그리스도에 대하여 친구들에게 말하면서 예수 그리스도의 사랑을 전할지 전하지 않을지 기도하면서 살펴보는 것은 아주 짜릿한 시간이었다.

환대의 집(the House of Hospitality)에서의 기도

다음 주 월요일 주말에 300명의 사람이 강당에 모여 앉아 음악을 듣고 성경을 공부하며 서로 낯선 사람들과 기도를 하였다. 이 사건의 분기점이 우리의 평안한 지역인 농장 집을 떠나게 만들었고, 거실 같은 방 분위기를 떠나게 하였고, 환대의 집(the House of Hospitality)이라고 알려진 강당을 임대하게 되었다. 이 지역은 샌디에고 중심지에 있는 발보아공원(Balboa Park)에 위치해 있었다. (발보아공원은 세계적으로 유명한 샌디에고 동물원이 위치해 있다)

우리는 성경공부 전후로 한 팀당 몇 십 명으로 나누어 기도하기 시작했다. 그 결과로 믿을 수 없는 일이 일어났다. 첫 번째 성경공부에서 6개월 만에 그 공원의 오래된 강당에 500명의 사람이 모이게 되었다.

어느 날 밤에는 마룻바닥에 사람들이 앉기도 하고, 뒷줄에 서있기도 하고, 벽에 기대고 있는 사람도 있었다. 던과 나는 그렇게 많은 사람들이 오리라고는 상상도 못했다. 그러나 한 가지 우리가 믿는 것은 처음 시작한 10명 또는 15명과 함께 우리가 기도하면 하나님은 응답하신다는 것이다. 우리가 샌디에고를 위해서 기도할 때 하나님은 비신자들을 부르셔서 성경공부에 참석시키고 그들의 삶을 예수님께 인도하도록 하셨다.

린다 비스타(Linda Vista)에서의 기도

월요일 저녁 성경공부가 시작된 지 8개월 만에 집의 거실이 차고 넘쳤고, 500명을 수용하는 오래된 강당이 차고 넘쳤다. 우리는 북쪽으로 7마일 떨어진 빈 건물인 오래된 침례교회를 발견했다. 우리는 임대료를 지불하기 위한 헌금 몇 달러 외에는 돈이 없었다. 그래서 1평방피트 당 10센트에 매달 갱신하는 계약을 체결했다. 그것은 엄청난 돈이라고 생각했다. 하나님께서 매달 그 많은 돈을 어떻게 우리를 위해서 제공하실까? 우리는 살아남을 수 있을까?

우리가 처음 한 일은 기도하기 위하여 원래의 모임 멤버들을 불러

모으는 일이었다. 하나님은 새로운 사람들도 불러주셨다. 금방 다 쓰러져 가는 낡은 교회의 750석을 다 채우고 있었다. 시작한지 1년이 되어 월요일 저녁 성경공부, 주일 아침예배와 주일저녁 성경공부로 모이게 되었다. 물론 각 예배 전, 중간과 후에 기도모임은 병행되었다. 게다가 자신의 아파트나 집에 모여 성령께서 인도하시는 이 새롭고 신선한 일을 위하여 함께 기도했다. 문자 그대로 기도는 샌디에고에서 세계적인 목회로 시작되었다.

노스 파크(North Park) 극장에서의 기도

코리 텐 붐(Corrie ten Boom)은 경건한 여인이요 진정한 성인이었다. 당신이 그녀의 책인 '은닉처(The Hiding Place)'나 영화를 본적인 없다면, 예수님을 진정으로 알았던 그녀의 이야기를 볼 필요가 있다. 그녀의 아버지는 네덜란드 암스테르담(Amsterdam) 근처의 지역인 할렘(Haarlem)에서 시계가게를 운영하고 있었다. 2차 세계대전 동안에 코리의 부모는 자기 나라에서 박해받는 유태인에게 동정심을 느꼈다. 그들은 시계가게 2층인 자신의 집에 유태인을 숨겨주었다가 중립 지역으로 탈출시키고 독일 당국으로부터 안전하게 하였다.

결국 코리 가족의 활동은 발각되어 독일군이 코리와 그녀의 자매를 감옥에 가두었다. 그녀의 인생 중 가장 끔찍했던 시절인 이 기간 동안 그는 성경공부와 기도의 생활을 배웠다.

내가 크리스천이 되었던 1970년에 코리는 할머니였다. 그러나 그녀는 어디서든지, 언제든지 기회가 되는 대로 여러 교회에서 자신의 믿음을 나누며 간증을 했다. 나는 그녀의 간증을 들을 기회가 있었다. 그녀가 영감을 불러일으키는 사람이라고 말하는 것은 아주 약하게 표현한 것이다. 그녀의 책이 발간되었을 때 즉각 베스트셀러가 되었다. 곧이어 그녀의 책이 영화화되어 텐 붐(ten Boom) 가족의 용기와 네덜란드가 독일치하에 있는 동안 하나님을 기적적으로 만나게 되는 내용을 감동 있게 그렸다.

1975년 어느 날 밤, 샌디와 나는 다른 부부와 함께 이 영화를 보러갔다. 극장은 전통 있는 지역에 위치해 있었고 극장 건물은 노스 파크(North Park)라고 불리어졌다. 이 지역(노스 파크라고 불리는)은 발보아공원(Balboa Park) 북쪽 끝에 위치해 있었다. 극장 주변의 집들과 상업지들은 1920년대에서 1940년대에 지어진 건물이었다.

이 극장은 오랜 역사를 가지고 있었다. 1929년에 라이브 극장 겸 희가극 용으로 지어졌다. 천장은 높고 샹들리에 조명이 달려있었다. 아름답게 손으로 조각된 주조물이 벽을 감싸고 있었고, 관람석은 가죽의자였으며, 지나간 추억을 연상시키는 분위기였다. 이 극장은 노쇠하여 수리할 필요가 있었으나 아름다운 분위기를 자아냈다.

오랫동안 기다렸던 영화인 '은닉처(The Hiding Place)'를 관람하는 동안에도 나는 샌디와 친구들을 쳐다보면서 계속 말을 걸었다. "훌륭한 교회가 될 것 같은데?"

한 시간 내내 계속된 질문에, 마침내 샌디가 입을 열었다. "여보 조용히 하고 영화 좀 봅시다."

나는 그날 저녁에 성령께서 내 마음에 역사하셨음을 깨닫지 못했다. 성령은 영화를 통하여 내 믿음을 움직이셨고, 오래된 극장을 통하여 내 안에 믿음을 자극하셨다.

한 달 후에 갑자기 부동산 중개인으로부터 전화를 받았다. 그는 우리 교회가 본당 없이 급속도로 성장하고 있으며 현재 건물도 매우 좁다는 소식을 들었다고 했다. 그렇지만 우리가 끊임없이 더 큰 교회를 달라고 기도하고 있다는 사실을 그는 알지 못했다.

"아주 오래된 극장건물에 관심 있으세요?" 그는 물었다. "예, 관심 있지요. 좌석은 몇 명이나 앉을 수 있고 어디에 있는 곳인가요?"

그는 그 극장은 1,250석 규모이며 노스 파크(North Park) 극장이라고 말했다. 그 부동산 중개인은 내가 보기를 원하면 지금 당장 보여주겠다고 말했다. 누가 그런 일을 상상이나 할 수 있겠는가? 물론 하나님은 그것을 상상할 수 있다는 것을 나는 알고 있다. 사실 하나님은 그것을 상상하셨다.

그 다음 9년간의 목회는 샌디에고에서는 의미심장한 것이었다. 기도의 힘은 극장에서의 기도 모임과 주변 도시들(county) 전체의 가정 소그룹에서와 많은 사람들의 일터로 확산되었다. 아침기도 모임은 주변 도시들, 전 부서의 식당 뒷방에서 매주 개최되었다. 이 기간에 매년 한 교회씩 개척 되었고, 그 도시와 주변 도시들에서 우편번호가 다른 지역의 목회 사역자들과 교구가 늘어나기 시작했다. 건물의 구입도 기도의 열매였다. 우리 교회는 신설교회여서 은행이 우리에게 돈을 빌려주지 않았다. 우리는 하나님을 신뢰해야만 했다. 그리고 하나님은 신비로운 방식으로 역사하셨다. 나는 부유한 사람이 주님의 일을 돕기 위하여 여분의 현금을 내는 것을 거의 본적이 없다. 오히려 여러 경우에 하나님은 기적을 이루시기 위해 가난한 자들과 노동자층을 하나님이 사용하시는 것을 보았다.

우리 교회의 경우에 있어서도 한 젊은 미망인이 경비행기 충돌로 남편이 죽었는데 보험금을 탄 후 그 돈을 교회 융자금을 보증하는데 사용하였다. 우리가 6년 동안 월부금을 낸 후에 하나님은 또 다른 미망인을 사용하셔서 죽은 남편의 부동산에서 십일조를 떼어 은행 융자를 지급하는데 기부하였다. 기도는 은행이 할 수 없었던 일을 해냈다.

비록 주차장하나 없었지만 극장 교회에서의 9년 동안 수천 명의 사람들이 구원을 얻게 되었고 이제 또다시 이사 갈 때가 되었다. 우리 교회는 급속도로 샌디에고에서 가장 큰 교회가 되었다. 명심하라. 이 교회가 단지 10명의 작은 모임에서 성장했음을! 그러나 이 10명의 사람들과 이 10명을 따랐던 수만 명의 사람들은 모두 기도의 사람들이었다.

기도를 통한 성장

우리가 돈이나 물질적인 면에 많은 강조를 하지 않았는데도 어떻게 이 큰 모임을 위한 장소를 발견할 수 있었을까? 우리는 단순한 3단계 비전에 초점을 맞추었다. 1단계, 예수님께로 사람을 데려오기, 2단계, 그 사람을 예수 안에서 제자 만들기, 그리고 3단계, 그 사람을 예수 그리스도를 위한 증인으로 보내기였다.

우리는 항상 그렇게 소망하며 사람 지향적인 목회를 하였다. 하나님은 신실하셨다. 우리에게 20년 동안 장기 계약할 수 있는 22에이커(약 24,000평) 크기의 중고등학교를 우리에게 보여주셨다. 우리가 대략 12개월마다 한 개의 교회를 개척하고, 전 세계에 선교사를 보내고, 수천 명의 사람을 하나님의 나라로 초청하는 복음적인 전도 집회를 개설하고, 유치원과 초등학교를 시작하고, 목사가 되려는 수십 명의 사람들을 훈련시키는 일 등을 주차장도 없는 2만 평방피트 공간에서 해왔다는 사실을 누가 믿을 수 있겠는가! 오직 하나님만이 하실 수 있는 것이다. 우리는 절대로 할 수 없다.

우리의 기도의 응답은 폭발적인 성장으로 나타났다. 우리는 2만 평방피트(약 550평) 부지에서 500여대의 자동차를 주차할 수 있는 22에이커(약 24,000평)의 땅으로 옮겨갔다. 이 놀라운 성장은 내가 기도할 때 하나님께 조심스럽게 요청해야 한다는 것을 배웠다. 왜냐하면 기도하면 요청한 것을 얻게 되고 그 이상을 얻을 수 있기 때문이다.

클레어몬트(Clairemont)에서의 기도

하나님은 너무 좋은 분이어서 그분이 얼마나 좋은지를 우리는 종종 잊고 산다. 우리가 새로운 시설을 달라고 기도했지만 그러나 교회 성장이나 물리적인 시설의 확장을 위한 자금을 달라고 기도하거나 계획하지 않았다. 예를 들면 수도세가 매달 1백 불에서 1천 불이 되었다. 전기세는 매달 1천 불에서 1만 불이 되었다(비록 최근에는 에너지 위기와 더불어 전기세가 매달 3만 6천 불까지 올라갔다). 그러나 지난 18년 동안에 우리는 한 번도 전기세나 수도세를 체납한 적이 없다. 우리는 캠퍼스의 잔디나 정원에 필요한 비료값을 매달 1천 불씩 내는 것조차도 지급하지 못한 적도 없다.

이제 우리는 20년 장기 계약이 끝나가고 있다. 우리는 이 시설로부터 성장한 백 개가 넘는 교회와 초교파 사역으로 지경을 넓혀주셨다. 매 6개월마다 새로운 사역을 하는 것이다. 기도는 여전히 우리의 핵심이요 의무이다. 왜냐하면 이제 부동산 가격이 샌디에고에서는 에이커당 1천 3백만 불이기 때문이다. 우리는 현재 샌디에고에서 가장 큰 사립학교를 소유하고 있다. 그리고 지역 학교로부터 두 개의 캠퍼스를 임대하고 있다. 만약 우리가 현재 교회, 유치원, 초등학교, 중학교, 고등학교를 한 캠퍼스 안에 연합시키려면 35에이커 (약 42,000평)와 새 시설물을 짓는데 5천만 불 가까운 비용이 들 것이다.

"절대 안 돼, 우리는 할 수 없어." 이렇게 말할까? 아니다. 왜냐하면 우리는 새로운 시설과 하나님의 완전한 뜻을 위하여 기도해 오고 있었고 계속 기도 할 것이기 때문이다. 나는 나의 스승인 척 스미스 목사님이 나에게 가르쳐 주신대로 빚 없는 목회를 하고 있다. 나는 지난 20년 동안 사역을 시작한 이래로 우리 교회를 빚과 함께 남겨두려는 생각은 추호도 없다. 나는 하나님께서 다시 채워 주실 것을 확신한다.

샌디에고 중심가에서의 기도

우리 교회에서 반경 10마일 이내에 초기 멤버들로부터 개척된 8개의 교회가 있다. 이들 교회의 목사들과 직원들은 한때 이 위대한 기도 교회의 멤버들이었다. 주일 오전의 샌디에고 시에서만 예배하는 우리 교회의 멤버는 대략 만 명 정도로 추산된다. 게다가 처음 10명의 사람과 1974년도에 처음 시작해서 파생된 - 1세대이던 혹은 2세대 사역이던 간에 - 주변 도시 전체 지교회의 신도가 3만 명에 이른다.

바로 기도가 미국의 가장 아름다운 도시 중에 하나인 샌디에고에 이 놀라운 부흥을 일으켰던 것이다. 당신의 일생에도 하나님의 건물을 쌓는 벽돌이 당신을 새로운 층으로 성장시키기를 바란다. 기도와 사랑에 빠진다고 하는 것은 당신과 당신의 가족을 위한 기회의 문을 열게 하는 것이다. 만약 당신이 기도의 사람이 되기로 헌신한다면, 당신은 인격적으로 자라게 될 것이며, 그리고 새롭고 역동적인 영적인 세계를 착수하는데 쓰임 받게 될 것이다.

예수님의 말씀에서

신약성경의 한 이야기는 강력한 메시지를 준다. 예수님에 관한 이 이야기는 우리의 마음에 큰 상상력을 주며 우리의 미래에 심오한 통찰력을 제공해 준다.

"무리가 옹위하여 하나님의 말씀을 들을째 예수는 게네사렛 호숫가에 서서 호숫가에 두 배가 있는 것을 보시니 어부들은 배에서 나와서 그물을 씻는지라 예수께서 한 배에 오르시니 그 배는 시몬의 배라 육지에서 조금 띄기를 청하시고 앉으사 배에서 무리를 가르치시더니 말씀을 마치시고 시몬에게 이르시되 깊은 데로 가서 그물을 내려 고기를 잡으라 시몬이 대답하여 가로되 선생이여 우리들이 밤이 맞도록 수고를 하였으되 얻은 것이 없지마는 말씀에 의지하여 내가 그물을 내리리다 하고 그리한즉 고기를 에운 것이 심히 많아 그물이 찢어지는 지라 이에 다른 배에 있는 동무를 손짓하여 와서 도와 달라하니 저희가 와서 두 배에 채우매 잠기게 되었더라"(눅 5:1~7)

우리의 마음과 정신에서 현상되는 얼마나 고전적인 장면인가! 예수님은 그의 아버지의 일에 관하여, 즉 하나님의 나라에 대하여 사람들을 가르치셨다. 군중들은 예수님이 갈릴리 바다 해변가로 밀려갈 정도로 큰 무리로 늘어났다(갈릴리 바다는 게네사렛 호수라고도 하고, 디베랴 바다라고도 하고, 구약성경에서는 긴네렛 바다라고도 한다).

당신이 이스라엘을 다녀온 적이 없다면 바다라는 단어가 훨씬 더 알맞은 표현일 것이다. 왜냐하면 호수라는 용어는 당신 마음속에 조그만 물웅덩이를 상상시키기 때문이다. 이 갈릴리 호수는 길이가 20㎞이며, 넓이가 6.5~7.5㎞에 이른다. 지중해에서 해저 200m 아래에 위치해 있고 깊이는 25~50m이다. 예수께서는 사람들을 가르치는 동안 배를 타고 해변가를 떠나기를 원하셨다.

우리는 거의 30년 동안 미션 베이(Mission Bay)에서 사람들에게 세례를 주었다. 이곳은 샌디에고 사람들에게는 유명하다. 우리는 한 번에 150명에서 350명 사이의 사람들에게 짠물로 세례를 주었다. 하나님의 역사를 보는 것은 놀라운 일이다. 왜냐하면 수백 명의 세례를 받는 사람들의 친구나 가족들이 있기 때문이다.

이 대형 세례식은 대개 저녁식사 중에 시행하며 바비큐 고기를 요리하거나, 소프트볼 놀이를 하거나, 원반던지기를 한다. 사람들은 기타를 연주하거나 노래를 한다. 아마도 큰 군중이 예수께 올 때도 축제 분위기이었을 것이다. 세례식 때가 되면 모든 사람은 공원 잔디 지역을 떠나 모래사장 끝으로 모인다. 모두는 함께 기도하고 예배한다. 수백 명의 사람들은 앉아 있고 나는 서서 물세례의 성경적 관점을 설명한다. 약 20명에서 30명의 목사들과 가정교구 지도자들과 장로들은 내 뒤로 무릎 깊이의 물속에서 넓게 도열한다.

우리는 구원 초청을 한다. 구경꾼이나 해변가에 있다가 우연히 오게 된 많은 사람들이 예수 그리스도를 영접하도록 기도한다. 나는 군중들에게 목사들 중 한 명이 세례를 주기 위해 올 때까지 물 가장자리에서 기다리라고 권고한다. 그들이 물속에 들어와서 한 명의 목사와 함께 걸어 나간다. 이유는 간단하다. 만약 수백 명의 사람이 세례 받기 위해 한꺼번에 물속으로 들어 올 경우 감당하기가 어렵기 때문이다.

예수님은 사람들로부터 멀리 떨어질 필요가 있었다. 그래서 시몬(또는 베드로)에게 속한 조그만 배를 선택하셨다. 그 고기잡이배는 예수의 "설교강단"이 되었다. 예수께서는 설교 후 그가 얼마나 은혜로운 분인지를 보이셨다. 우리가 주님께 해야 할 바를 드림으로서 얻을 수 있다는 것에 대한 가장 위대한 교훈이었다.

누가는 이렇게 증언하고 있다. "깊은 데로 가서 그물을 내려 고기를 잡으라"(눅 5:4) 예수님은 시몬 베드로에게 그의 사업 도구인 배를 사용한 값을 치러주기를 원했고, 시몬은 보상을 받으려면 깊은 곳으로 갈 필요가 있다는 것을 알았다. 시몬의 대답을 들어보자. "선생이여 우리가 밤이 맞도록 수고하였으되 얻은 것이 없지마는 말씀에 의지하여 내가 그물을 내리리이다"(눅 5:5)

베드로는 처음에 예수님의 이러한 제안에 머뭇거렸다. 그는 어부였으며 예수님은 설교하는 목수였기 때문이다. 그는 자신과 자신의 동업자들이 밤새 수고하였으나 잡은 것이 없었기 때문에 머뭇거릴 수밖에 없었다. 어쩌면 우리도 시몬 베드로와 같을 수 있다. 우리는 매일 일을 하지만 지쳐서 낙담한 채 빈손으로 집에 돌아간다. 시몬과 마찬가지로 우리의 수고와 노력으로부터 힘이 다 빠져버린다. 그러나 베드로의 응답에는 "당신의 말씀에 의지하여"(5절)라는 특징이 있다.

주님의 말씀은 우리의 삶을 우리가 원하는 데로 이끌어준다. 베드로의 눈에는 예수님의 말씀이 결실로 나타날 것으로 보였다. 그래서 그는 그 목수를 한 번 더 존중하기로 하고 그가 말한 대로 해보았다. 베드로와 그의 동업자들이 예수께서 일러 준대로 했을 때 그들은 그물이 찢어질 정도로 많은 고기를 잡았다(6절).

이것은 우리가 배우고 기억 할 교훈이다. 예수님이 말씀하실 때 우리는 그것을 지켜야 한다. 우리의 기도생활도 마찬가지이다. 우리가 예수께 구할 때 우리는 받을 준비를 해야 한다. 우리가 요청한 것 이상의 응답을 받을 준비를 하라.

우리가 기도와 사랑에 빠질 때 시몬 베드로와 같이 된다. 우리는 항상 어떤 일이 일어날지 이해할 수는 없다. 그러나 우리를 위하여 누가 이 상황을 조정하시는지는 알고 있다. 우리의 상황에 너무 지치고 낙담될 때 주님과 그의 선하심을 기도하고 구할 수 있다.

비전을 움켜잡아라

성령님은 지난 수년 동안 우리의 목회 현장에서 수많은 사람들에게 비전을 주셨다. "묵시가 없으면 백성이 방자히 행하거니와"(잠 29:18, KJV 참조) 이 구절은 다시 한 번 우리의 목회를 조명해 주고 있다. 하나님의 말씀에 완전히 헌신하는 회중이 있을 때, 그리고 기도가 그 회중의 중심적인 부분이 될 때 하나님은 그의 백성에게 미래를 계시해 주신다. 하나님은 그들에게 자신의 계획이신 비전을 통하여 계시하신다. 기도와 깊이 있는 성경공부가 있을 때 비전은 하나님의 백성의 마음속에 나타난다.

영적인 지도자가 자신의 개인적인 비전을 성취하기 위하여 사람들을 사용하는 것이 아니다. 우리는 텔레비전에 나오는 설교자가 하나님으로부터 비전을 받았노라고 주장하는 것을 본다. 그들의 개인적인 비전이 무엇이든 간에 그것은 대개 돈과 관련이 되어 있다. 많은 경우 그들은 그들의 목회에 씨앗을 뿌리는데 사람들을 사용하려 한다. 그래서 그들은 자신들의 비전을 성취하려한다. 비전은 그리스도의 몸을 세우는데 사용되어져야한다.

내가 여기서 언급하는 것은 기도를 통한 비전이다. 기도는 우리 각자를 위한 명백한 비전을 가져다준다. 기도는 하나님과 우리의 대화 통로를 열어준다. 기도는 우리에게 성경의 깊은 의미를 계시해준다. 기도는 우리로 하여금 하나님의 계획과 목적의 줄에 서 있게 해준다. 많은 사람들이 기도하며 비전을 받을 때 우리 주 예수 그리스도의 교회는 성장한다. 이런 종류의 기도가 역사상 가장 위대한 교회 중에 하나를 발족시킨 것이다. (물론 이 주제에 대한 나의 관점은 약간의 편견이 있을 수도 있지만!)

나는 여러 사람들로부터 편지와 카드와 이메일을 받는다.

"마이크! 우리는 당신을 위해 기도하고 있습니다."

"우리는 당신과 당신 가족을 위해 기도하고 있습니다."

그렇게 많은 사람들이 나와 내 가족을 위하여 1초라도 기도해 준다는 사실에 나는 겸손해 진다. 내가 확신하는 것은 이러한 기도가 고통스런 상황, 자금난, 그리고 실망스런 실패를 통하여 우리에게 도움을 준다는 것이다. 이 기도들이 오늘날 우리가 즐기는 많은 축복들을 우리 가족에게 오게 한 것이다.

지금 착수하라!

기도는 샌디에고에서 우리의 사역을 착수시켰다. 초창기 건물을 쌓는 벽돌은 주님과 영적인 동행 안에서 단계를 세워나갔다. 기도는 당신의 사역과 가족, 그리고 하나님과의 관계를 착수시킨다는 개념을 늘 기억하길 바란다.

우리가 케이프 케네디(Cape Kennedy)에서 발사하는 우주선을 들어 올리는 커다란 로켓을 생각할 때 이것은 상상할 수 없는 일이다. 그 어마어마한 엔진은 놀라운 추진력을 만들어서 그 어떤 것도 우주로 발사시킬 수가 있다. 그 로켓이 연료가 떨어지면 물론 이야기는 달라진다. 로켓은 분리되어 대서양 수천 피트 아래로 떨어진 후 미국 해군 함정에 의해서 줍게 되어 있다.

우리가 기도를 발사할 때 우리는 특별한 우주 비행사 훈련과정이나, 특별한 우주복도 필요 없고, NASA(미국 항공 우주국) 또는

FAA(미국 연방 항공국)로부터 특별한 허락을 얻을 필요가 없다. 우리가 기도를 하늘을 향해 발사할 때 추진 로케트도 떨어지지 않고 연료도 바닥나지 않는다. 하나님은 즉각적으로 우리의 기도를 들으시고 그분만의 지혜와 방식으로 응답하신다.

선지자 다니엘과 가브리엘 천사와의 대화를 우리 한번 살펴보자.

"곧 내가 말하여 기도할 때에 이전 이상 중에 본 그 사람 가브리엘이 빨리 날아서 저녁 제사를 드릴 때 즈음에 내게 이르더니 내게 가르치며 내게 말하여 가로되 다니엘아 네가 이제 내게 지혜와 총명을 주려고 나왔나니 곧 네가 기도를 시작할 즈음에 명령이 내렸으므로 이제 네게 고하러 왔느니라 너는 크게 은총을 입은 자라 그런즉 너는 이 일을 생각하고 그 이상을 깨달을지니라"(단 9:21~23)

다니엘이 기도하고 있을 때 하나님은 가브리엘에게 명령하여 지상에 내려가서 다니엘을 격려하고 그에게 비전을 이해할 수 있는 총명을 주도록 명령하신 것이다. 당신이 기도할 때 하나님은 항상 들으시고 당신을 격려하실 준비가 되어 있다는 사실을 명심하라.

기도와 사랑에 빠져라

당신이 우리 교회가 샌디에고 지역에 있는 1,250개의 교회 중에 한 교회였음을 기억할 때, 하나님은 이 도시에서 함께 일하고 도와줄 많은 사람들을 보내셨음이 분명하다. 절대 이렇게 얘기하려는 것이 아니다. 즉, 단지 우리만이 영적인 사역이라거나 하나님을 위해서 또는 하나님을 통해서 우리 교회에만 역사하신다는 것을 말하려는 것이 아니다. 절대 그렇지 않다. 우리는 단지 하나님을 사랑하고, 하나님을 찾고, 하나님을 섬기는 한 교회에 불과하다. 그러나 우리는 하나님께서 이 도시의 중심에 발사시킨 믿음의 사람들이다. 하나님은 그의 백성의 아주 조그만 조각을 통하여 영광 받으시도록 우리에게 허락하신 것이다.

오늘날 고아원들, 젊은이 사역들, 교회들, 학교들, 출판사들과 음반사역들, 가난한 자를 위한 구호 사역들, 성경과 복음주의 학교들, 복음적인 전도집회들, 가정교구들, 그리고 기도 팀들은 우리 교회를 통해 전 세계에 확장되고 있다. 처음에 10명의 원래 모임에서부터 샌디에고의 잃은 자들을 위하여 기도로 단순하게 출발했었다. 이제는 그 후에 파생된 모임들이 계속해서 이 기도에 대한 소명을 이어가고 그들의 삶을 위하여 하나님의 비전을 구하고 있다. 당신에게도 하나님의 축복이 부어지기를 기원하며 당신도 기도와 사랑에 빠지기를 기원한다!

6

제단에서의 우리의 기도

기도를 제단에 올려놓음으로서 내가 하나님께 들려 올려진다.
그 기도를 내려놓고 하나님께서 그의 뜻에 따라
행하시기를 기다려야 한다.

"기도는 영혼의 방패이며,
하나님께 드리는 제물이며,
사탄에게는 천벌이다."

존 번연(John Bunyan)

◆◇◆◇◆

제단은 현대문화에서 더 이상 중요한 의미를 갖지 않는다. 우리는 종종 "제단으로 향해 가는(결혼을 의미)" 신랑과 신부에 관한 얘기를 하거나 "주님의 제단에 십일조와 헌물"을 드리라는 목사님의 권면을 듣기도 한다. 그러나 대부분 현대인들은 제단을 고대의 유물로 간주하며 문명화된 시기에 전혀 적절하지 않은 구식 시대의 어떤 것으로 여긴다. 이는 참으로 안타깝다. 왜냐하면 성경은 제단에 관한 언급으로 꽉 차있기 때문이다. 돌로 만들어진 실제적인 제단뿐 아니라 마음의 태도를 나타내는 상징적인 제단을 포함하고 있다.

이 장에서는 제단이라는 상황에서의 기도를 탐험하려고 한다. 즉, 희생제물이 드려지고 하나님과의 만남이 이루어지는 신성한 장소로서의 제단을 살펴보려고 한다. 특별히 아브라함의 생애와 그의 제단 경험을 조명하려고 한다. 이제 우리는 각자의 기도생활을 위한 중요한 진리를 알게 될 것이다.

하나님이 아브라함을 부르시다

하나님께서 그의 이름을 바꾸어 주시기 전인 아브람이라 불리던 때의 아브라함의 이야기를 하려한다.

> "여호와께서 아브람에게 이르시되 너는 너의 본토 친척 아비 집을 떠나 내가 네게 지시할 땅으로 가라 내가 너로 큰 민족을 이루고 네게 복을 주어 네 이름을 창대케 하리니 너는 복의 근원이 될지라 너를 축복하는 자에게는 내가 복을 내리고 너를 저주하는 자에게는 내가 저주하리니 땅의 모든 족속이 너를 인하여 복을 얻을 것이니라 하신지라 이에 아브람이 여호와의 말씀을 좇아갔고 롯도 그와 함께 갔으며 아브람이 하란을 떠날 때에 그 나이 칠십 오세였더라"
> (창 12:1~4)

아브람이 죄를 지었다는 사실을 우리는 쉽게 지나친다. 하나님은 분명히 그에게 모든 가족에게서 떠나라고 말씀하셨다. 그러나 아브람은 자신의 조카인 롯을 데리고 간다. 결국 롯은 아브람에게 문제 덩어리가 되고 만다.

아브람은 고향을 떠나 가나안이라 불리는 곳으로 여행을 떠났다. 그곳에 도착했을 때 하나님은 아브람에게 나타나셔서 그의 후손들이 이 땅을 물려받게 될 것이라고 말씀하신다.

"여호와께서 아브람에게 나타나 가라사대 내가 이 땅을 네 자손에게 주리라 하신지라 그가 자기에게 나타나신 여호와를 위하여 그곳에 단을 쌓고 거기서 벧엘 동편 산으로 옮겨 장막을 치니 서는 벧엘이요 동은 아이라 그가 그곳에서 여호와를 위하여 단을 쌓고 여호와의 이름을 부르더니 점점 남방으로 옮겨갔더라"(창 12:7~9)

아브람이 제단을 쌓고 "여호와의 이름을 불렀더라"(8절)는 이 말은 그가 기도했다는 말의 다른 표현이다. 아브람은 애굽으로 가기 전에 남쪽으로 계속 여행하여 벧엘에 이르게 되었다. 그곳에서도 아브람은 제단을 쌓았다. 다시 "거기서 아브람이 여호와의 이름을 불렀다"(창 13:4). 그리고 몇 구절 지나서 "이에 아브람이 장막을 옮겨 헤브론에 있는 마므레 상수리 수풀에 이르러 거하며 거기서 여호와를 위하여 단을 쌓았더라"(창 13:18)고 말하고 있다.

아브람은 분명히 제단의 사람이었다. 흥미롭게도 그 당시에는 이교도들도 제단을 쌓고 그들의 신들에게 희생제물을 바쳤다. 약속의 땅에 거했던 가나안 원주민들은 이방 신들의 숭배자였기에 후에 하나님께서 그의 백성인 이스라엘 자손에게 이렇게 명령하신다. "그것들을 다 훼파하며 주상들을 타파하라. 이 땅은 나의 땅이니라. 나는 이 땅을 깨끗케 하기 원하노라"(출 23:20~26, NKJV 참고) 아브람이 자신만의 제단을 쌓은 이유는 신선하고 깨끗한 제단에서 하나님께 예배드리기를 원했던 것이다. 즉, 다른 인간의 제단이나 사악한 관습에 의해서 더럽혀진 제단이 아닌 것으로 드리기를 원했다.

이것은 나와 당신에게 교훈이 된다. 우리는 우리의 손으로 지어진 깨끗하고 흠 없는 제단을 쌓는 것, 그리고 하나님을 만나는 순수한 장소를 갖는 것이 얼마나 중요한지 인식해야 한다. 아무나 세울 수 있는 제단이 아닌 하나님의 이름을 높이기 위하여 우리의 예배, 기도, 찬송으로 쌓을 수 있는 제단이어야 한다.

바인 완전 해석사전(Vine's Complete Expository Dictionary)에 따르면 "제단"이라는 단어는 "살육의 장소"를 의미한다(바인 : Vine 1996). 왜냐하면 제단은 희생제물을 바치는 장소이기 때문이다. 우리에게 있어서 기도는 희생제물을 포함한다. 기도는 우리의 시간, 우리의 노력, 우리의 에너지의 희생제물이다. 우리는 우리 자신을 제단에 드리면서 이렇게 말한다. "하나님, 이것이 내 인생에서 일어나는 일입니다. 저는 너무 좌절하고 실망해서 어떻게 해야 될지 모르겠습니다. 내 인생을 하나님께 바칩니다. 하나님께서 내 인생을 받으시고 뭔가 놀라운 인생으로 바꿔주시리라 믿습니다." 사도 바울은 로마서에서 이 희생제물의 주제를 강조하고 있다. "그러므로 형제들아 내가 하나님의 모든 자비하심으로 너희를 권하노니 너희 몸을 하나님이 기뻐하시는 거룩한 산 제사로 드리라 이는 너희의 드릴 영적 예배니라"(롬 12:1) 우리는 우리 자신이 쌓은 이 아름다운 제단 위에서 산 제물이 되고 우리의 인생과 우리의 기도를 하나님께 바치면 이 제단은 점점 커지고 매일 강해져 간다.

아브라함은 제단 또는 하나님께 예배를 드리고 의사소통하는 장소를 쌓음으로서 많은 축복과 은혜를 받았다. 우리가 아브라함의 모범을 따를 때 똑같은 축복이 우리의 것이 될 것이다.

인도하심. 자신의 사명을 완수하기 위하여 아브라함은 인도하심이 필요했다. 하나님으로부터 지시를 받거나 상담을 받을 때 기도의 제단보다 더 나은 장소는 없다. 우리가 잠언 14장 12절을 읽어 보면, "어떤 길은 사람의 보기에 바르나 필경은 사망의 길이니라"고 말씀하고 있다. 그러므로 종종 우리는 우리가 취해야 할 올바른 길을 알기 위해 힘쓴다. "하나님이 이 길, 아니면 저 길을 가라고 나를 부르신 걸까? 하나님이 이 직업을 잡으라고, 아니면 학교로 돌아가라고 나에게 말씀하시는 걸까? 하나님은 왼쪽 길, 아니면 오른쪽 길을 택하라고 나를 인도하시는 걸까? 만약 내가 이 길을 쭉 간다면 내가 곤란에 빠질까? 우리가 하나님을 만나는 제단에서 우리는 하나님의 지시하심을 받는다.

편안함. 우리 모두는 때때로 편안할 필요가 있다. 기도보다도 편안한 장소를 발견할 수 있을까? 우리가 홀로 앉아서 하나님과 조용히 대화하다 보면 그의 평화가 내게 오고 하나님의 어루만지심을 느끼게 된다. 아브라함이 장막을 쳤던 어느 곳에서도 하나님의 제단을 가지고 있었다. 아브라함이 어느 곳에 정착하더라도 하나님은 예배 받으실 장소가 있었다. 우리가 우리의 개인적이고 신성한 장소에서 하나님과 만날 때 그의 위로하시는 만지심을 받을 수 있다.

힘. 아브라함은 몇몇 힘겨운 전투를 벌여야 했다. 그는 적대적인 지역에 가야하기도 했다. 그리고 그의 조카인 롯이 나쁜 사람들에게 사로잡힌 것도 보았다. 그는 그 도시의 왕들과 강한 군대들을 대항하여 3백 명의 훈련된 하인들을 전투장에 보내기도 했다. 그는 계속되는 괴롭힘을 견디기 위하여 어마어마한 힘을 필요로 했다.

아마도 우리는 이렇게 외칠 것이다. "하나님 나는 도저히 이 상황을 이겨낼 수 없어요. 나는 약해요. 내 머리가 짓누르듯 괴로워요." 이러한 때에도 하나님은 우리에게 힘을 주신다. 왜냐하면 하나님은 우리가 사명을 완성하도록 부르셨기 때문이다. 우리는 또 이렇게 얘기할 수 있다. "하나님이 나를 부르신 것은 말도 안돼요. 내가 그것을 성취할 만한 아무것도 가진 것이 없어요." 인간의 관점에서 볼 때는 말이 안 된다. 그러나 만약 우리가 하나님을 믿는다면 하나님께서 우리에게 하도록 부르신 그 일을 할 수 있도록 우리에게 힘을 주실 것이다.

용기. 아브라함은 자신의 삶을 성취하는데 용기가 필요했다. 당신과 나 또한 마찬가지이다. 우리는 거룩한 삶을 살기 위해서, 진리와 의로움에 올바로 서기 위해서 담대함과 용기가 필요하다. 우리는 악에 직면할 용기가 필요하다. 이 악은 매일 우리의 길거리를 기어 다니며 우리의 집안으로 숨어 들어온다. 예레미야가 나라가 망했을 때 "대저 사망이 우리 창문에 올라오며 우리 궁실에 들어오며"(렘 9:21)라고 이스라엘 백성에게 말했던 것처럼. 우리는 유혹과 비도덕성을 떨치기 위한 초자연적인 용기가 필요하다. 하나님께 나아가 기도하라. 그러면 하나님은 당신에게 그 용기를 주실 것이다. 하나님께 구하라. 그러면 하나님은 당신이 모든 어려움과 도전들을 직면할 때 극복할 수 있는 능력을 주실 것이다.

지혜. 아브라함과 같이 우리를 혼동케 하는 세상의 많은 것으로부터 멀리 떨어지려면 지혜가 필요하다. 나는 야고보가 쓴 글을 너무 사랑한다. "오직 위로부터 난 지혜는 첫째 성결하고 화평하고 관용하고 양순하며 긍휼과 선한 열매가 가득하고 편벽과 거짓이 없나니"(약 3:17) 또한 야고보는 이렇게도 기록했다. "너희 중에 누구든지 지혜가 부족하거든 모든 사람에게 후히 주시고 꾸짖지 아니하시는 하나님께 구하라 그리하면 주시리라"(약 1:5)

만약 당신이 "나는 지혜가 필요해요"라고 말한다면 하나님은 결코 화내지 않을 것이다. 하나님은 다음처럼 결코 응답하지 않을 것이다. "뭐라고? 또 지혜가 필요하다고? 지금 정도면 알아 차려야지." 당신이 비록 어리석은 질문을 함으로서 꾸중을 듣거나 자주 야단치는 가정에서 성장했을 수도 있다. 당신은 인생의 모든 진퇴양난에 답을 알지 못하여 부끄러워했을지도 모른다. 그러나 하나님은 결코 당신을 그런 식으로 다루지 않을 것이다. 하나님은 당신에게 지혜를 주신다고 약속하셨다. 당신이 그 지혜를 얻는 방법은 기도를 통해서이다.

하나님을 섬겨라

창세기 15장에서 아브라함은 상속받을 후사가 없어서 걱정한다. 하나님이 자기 자손을 통하여 큰 민족을 이루게 해주시겠다고 약속하셨으나 아들이 없었다.

"이후에 여호와의 말씀이 이상 중에 아브람에게 임하여 가라사대 아브람아 두려워 말라 나는 너의 방패요 너의 지극히 큰 상급이니라 아브람이 가로되 주 여호와여 무엇을 내게 주시려나이까 나는 무자하오니 나의 상속자는 이 다메섹 엘리에셀이니이다"(창 15:1~2)

아브라함은 하나님의 약속의 지연이 곧 부인하심이 아님을 알았다. 아브라함의 기도는 응답되지 않았다. (우리는 종종 하나님께서 며칠 내지는 몇 주일 안에 응답하지 않을 때 좌절한다!)

우리는 아브라함의 반응을 의심이나 회의로 해석해서는 안 된다. 아브라함은 다시 기도에 불을 붙였다. "하나님, 저는 하나님의 약속을 기억하고 있습니다. 그리고 저는 하나님께서 이루어주실 것을 믿습니다. 그런데 하나님 지금 당장 저에게는 상속인이 없습니다."

아브라함은 하나님을 믿었다. 창세기 15장 6절을 보면, "아브람이 여호와를 믿으니 여호와께서 이를 그의 의로 여기시고"라고 하였다. 우리가 아브라함에게서 배워야 할 것은, 하나님은 약속하신 것을 그의 시간 안에서 능히 이루신다는 것이다(롬 4:20~21). 우리는 기도를 절대 포기해서는 안 된다.

내게 있어서는 기도의 제단은 휴식처와 같다. 호흡을 잠시 고르고 하나님을 찾을 뿐 아니라 기도제목을 위해서도 휴식처이다. 하나님은 종종 그분만의 방식과 그분의 시간에 기도를 응답하신다. 우리의 할 일은 하나님은 반드시 이루어주실 분이심을 믿는 믿음을 유지하는 것이다. 사실상 이러한 성경적 원리가 나의 초창기 주춧돌이었다. 히브리서 11장 6절에 있는 "믿음이 없이는 기쁘시게 못하나니 하나님께 나아가는 자는 반드시 그가 계신 것과 또한 그가 자기를 찾는 자들에게 상주시는 이심을 믿어야 할지니라"는 말씀처럼.

우리가 제단에 무엇인가를 바칠 때는 하나님께서 향기로운 제물로 받으실 만한 것을 드려야 한다(엡 5:2). 나는 하나님의 뜻을 구할 때는 마치 제사장이 사원의 제단에 걸어가 하나님 앞에 희생제물을 드리듯 해야 함을 깨달았다. 기도도 마찬가지이다. 기도를 제단에 올려놓음으로서 내가 하나님께 들려 올려진다. 그 기도를 내려놓고 하나님께서 그의 뜻에 따라 행하시기를 기다려야 한다.

마음의 외침

아브람의 아내인 사래는 자식을 낳지 못했다. 그녀는 애굽 여자인 하녀, 하갈을 남편에게 들여보낸다. "사래가 아브람에게 이르되 여호와께서 나의 생산을 허락지 아니하셨으니 원컨대 나의 여종과 동침하라 내가 혹 그로 말미암아 자녀를 얻을까 하노라 하매 아브람이 사래의 말을 들으니라"(창 16:2)

물론 아브람은 그 제안을 받아들였다. 사래의 허락 하에 아브람은 간음을 저지른 것이다. 하갈은 임신하였다. "하갈이 잉태하매 그가 자기의 잉태함을 깨닫고 그 여주인을 멸시한지라"(창 16:4) 사래는 질투심이 일어나 하갈의 못된 태도에 대하여 남편에게 불평을 했다. 아브람은 사래에게 하갈을 원하는 대로하라고 허락했다. "사래가 하갈을 학대하였더니 하갈이 사래의 앞에서 도망하였더라"(창 16:6) 하갈이 광야로 도망갔고 그곳에 있는 샘물 곁에서 하나님의 사자를 만난다.

"여호와의 사자가 그에게 이르되 네 여주인에게로 돌아가서 그 수하에 복종하라 여호와의 사자가 또 그에게 이르되 내가 네 자손으로 크게 번성하여 그 수가 많아 셀 수 없게 하리라 여호와의 사자가 또 그에게 이르되 네가 잉태 하였은즉 아들을 낳으리니 그 이름을 이스마엘이라 하라 이는 여호와께서 네 고통을 들으셨음이니라"

(창 16:9~11)

하나님은 우리의 불행을 들으신다. 우리는 우리의 고통을 볼 수 있고 느낄 수 있지만 하나님은 그것을 들으신다. 만약 당신이 마음속에 깊은 고통을 가지고 있다면, 하나님은 당신의 그 울음과 신음소리를 들으신다(행 7:34). 당신의 가장 가까운 친구는 그 고통을 볼 수 있고 느낄 수 있지만, 그러나 하나님은 당신의 마음속의 애처로운 절규를 들으신다.

여호와의 사자가 하갈에게 한 말을 생각해보라. "너의 여주인에게 돌아가라" 그 고통을 야기했던 문제의 현장으로 다시 돌아간다는 것은 너무 어려운 일이다. 우리 자신이 원하지 않는 곳, 감사할 수 없는 곳, 오해받는 곳, 그리고 학대받는 곳에 돌아가기란 너무나 어렵다. 그러나 하나님의 천사는 하갈에게 하나님의 약속된 축복을 받기 위해서는 "돌아가라"고 말한다.

당신은 고통의 근원지로 되돌아간다거나, 불행을 야기했던 장소나 그 사람에게로 돌아간다고 생각만 해도 움찔할 것이다. 그러나 당신은 그러한 사람들의 눈에 보일 때 겸손해야만 한다. 하나님은 거기서 당신을 축복하신다. 하나님은 당신의 울음소리와 절망의 신음소리를 들으시기 때문이다.

하갈의 고통스런 경험이 하나님을 만나게 해준 것이다. 고통은 종종 하나님께로 우리를 이끄는 방법으로 하나님에 의해서 사용되기도 한다. 하갈이 하나님의 직접적인 메시지를 들었을 때에는 추하고 어둡고 깊은 고통의 때였다. 하갈이 도망쳐 나왔던 곳으로 되돌아가는 것은 어려운 일 같으나 하나님의 음성에 순종할 때 하갈은 결국 안식과 기쁨을 얻었다.

그의 어려웠던 시절로 인하여 성경에서 가장 위안을 주는 구절이 탄생하게 된 것이다. "하나님은 나를 감찰하시는 분이시다"(창 16:13) 어려운 시절은 하나님께서 우리의 기도를 응답하시고 그분의 눈이 우리를 응시하심을 상기시켜준다. 만약 하갈이 영혼의 번뇌를 경험하지 못했다면 아마도 하나님을 알지 못했을 것이다.

당신의 영혼 속에 고통을 경험하고 있다면 하나님께 나아가라. 결혼의 위기, 이혼, 실업, 사업의 실패, 자녀 문제…. 이와 같은 일들은 당신에게 오히려 격려가 될 수 있다. 왜냐하면 고통의 한가운데서 당신은 전혀 새롭게 하나님을 만날 수 있기 때문이다. 하나님은 당신의 고통을 듣고 보고 계신다.

달라스신학교(Dallas Theological Seminary) 전 총장인 존 왈부어드(John Walvoord) 박사는 이렇게 말한 적이 있다. "기도는 두 당사자에 의해서 서명된 공동 수표와 같다. 내가 수표에 서명해서 하늘로 보내면 예수 그리스도께서 또한 서명해 주신다. 그러면 액수의 크기와는 관계없이 그 수표는 인정된다." 이제 당신의 기도를 하늘에 보내기 시작해보라.

믿음과 순종

구약성경은 하나님께서 인간에게 말씀하시는 여러 가지 실례(實例)들로 가득 차 있다. 사람들은 하나님께 외치고 하나님은 응답하시는 예(例)들이다. 명령이 내려지고 약속이 주어지면 초기 믿음의 위인들은 하나님의 약속을 믿고 자신에게 내려진 지시를 따랐다.

냉소와 의심의 시대를 살아가는 우리는 하나님의 약속을 믿기 어려운 유혹을 받는다. 우리는 때때로 하나님의 말씀을 취하는데 실패한다. 구약시대에는 대개의 경우 신자들은 하늘과 땅의 절대 주권자로서의 하나님을 믿었다. 그것이 항상 쉬운 일만은 아니었다. 사실상 이러한 믿음은 시험을 받기도 했다.

하나님께서 아브라함과 맺으신 언약에 따르면 하나님께서는 그의 아내인 사래(나중에는 사라가 된다)를 통해서 결국 상속자를 얻게 된다. 그러나 하나님은 믿음이 연약한 사람을 두렵게 하실 정도의 어떤 일을 하신다.

"그 일 후에 하나님이 아브라함을 시험하시려고 그를 부르시되 아브라함아 하시니 그가 가로되 내가 여기 있나이다 여호와께서 가라사대 네 아들 네 사랑하는 독자 이삭을 데리고 모리아 땅으로 가서 내가 네게 지시하는 한 산 거기서 그를 번제로 드리라"(창 22:1~2)

하나님께서 아브라함에게 아들을 희생제물로 바치라고 명령하실 때 그의 침묵을 주목하라. 하나님은 아브라함에게 내내 제단을 쌓도록 허락하셔서 거기서 하나님께 예배를 하였다. 아브라함은 이동할 때마다 제단을 쌓고 하나님과 교제를 나누었다. 그러나 이제 하나님께서 납득할 수 없는 명령을 내리신 것이다. "또 다른 제단을 쌓아라. 그리고 너의 아들을 나에게 바쳐라." 우리는 확신하건대 아브라함이 이 명령에 가슴이 철렁 무너져 내렸을 것이다. 그러나 그는 어떤 논쟁도, 의문도, 의심도 하지 않았다. 하나님은 그에게 명령하셨고 그는 순종했다. 그는 그렇게 단순했다.

만약 당신의 자녀가 위험에 처한다면, 당신은 어떠할까? 나의 막내아들인 필립(Phillip)은 어릴 때 후두염으로 많은 고생을 하였다. 어느 날 밤, 3살 때쯤 그의 목구멍이 닫히면서 호흡곤란 상태를 겪게 되었다. 아내와 나는 억장이 무너지는 심정이었다. 우리는 산소 호흡기와 다른 치료제를 사용했으나 효과가 없었다. 아이의 호흡은 더욱 거칠어지면서 얼굴은 창백해져갔다. 나는 너무 당황하여 공포에 젖어 있었다.

아내에게 계속 기도하라고 시키고는 나는 필립을 끌어안고 병원으로 운전해 갔다. 나는 응급실을 향하여 전속력으로 질주했다. 보통은 10분에서 15분 걸리는 거리이나 이날은 단지 5분밖에 걸리지 않았다.

응급실로 들어가면서 나는 간호사들에게 빨리 조처해 달라고 애원했다. 그들은 즉각 대기 중인 의사를 호출했고 필립을 침대에 눕혔다. 먼저 주사를 놓고 잠시 기다렸다. 아이의 호흡이 좋아지질 않자 주사를 한 대 더 놓았다. 여전히 아무 소용이 없었다.

그들은 아이에게 호흡기를 장착하고 산소를 투여했다. 그러나 아이에게는 아무 도움이 되질 않았다. 아이가 병과 투쟁하는 모습을 지켜볼 때 나의 억장이 무너지는 느낌이었다.

결국 의사는 필립은 특별치료를 받아야 한다면서 20마일 떨어진 어린이 전문병원에 갈 것을 권했다. 촌각을 다투는 일이었다. 생사 기로에 놓인 긴급 상황….

나는 다시 축 늘어진 아이의 작은 몸을 껴안고 고속도로를 정신없이 달렸다. 30분 거리를 20분 만에 주파하였다. 도착하자 병원에서 의료진이 필립을 받으면서 필요한 서류를 적어내고 기다리라고 했다. 나는 아브라함이 하나님께 이삭을 제단에 바치는 이야기를 떠올렸다. 아브라함이 이삭을 언덕으로 데려갈 때 아브라함은 하인들에게 돌아서서 이렇게 말했다. "내가 아이와 함께 너희에게로 돌아오리라"(창 22:3~5)

믿음으로 나는 "필립을 제단에 내려놓았다." 나는 내 아들과 함께 돌아갈 수 있으리라 확신하였다. 아이는 치료제를 투여 받고 산소텐트 속에 들어갔다. 나는 그 옆에 복도에 쭈그리고 앉아 밤새 자다, 기도하다를 반복했다.

훌륭한 의료치료와 더불어 나의 기도는 효과가 있었다. 다음날 필립은 퇴원하였다. 우리는 집에 돌아와 아이의 엄마와 나머지 4형제를 볼 수 있었다. 그 아이와 나는 실로 돌아온 것이다.

제단에 아이를 바치는 것은 정말 어려운 일이다. 아브라함의 삶은 하나님 안에서 믿음을 지키도록 이끄는 모범이 된다.

기도와 사랑에 빠져라

기도는 의사소통이다. 기도는 하나님과 동행하며 대화하는 것이다. 기도는 하나님과의 습관적인 영적 성장과 관련되어 있다. 또한 기도는 희생제물의 제단이다. 이 제단은 우리가 하나님을 만나고 정직함으로 하나님 앞에 나 자신을 내어놓는 것이다. 기도할 때 우리는 온 피를 사방에 떨어뜨리면서 제단에 누워 있는 희생의 양처럼 우리를 비워내는 것이다. 우리가 그분의 제단 앞에 우리의 마음을 내어놓으면 하나님은 희생제물로서 우리의 마음을 받으신다.

우리가 기쁠 때에든지 번뇌에 사로잡혀 있을 때에든지 하나님께 기도할 때 하나님은 들으신다는 사실을 믿으라. 그러므로 고통이 올 때 도망을 가거나 술이나 마약이라는 피난처로 숨지 말라. 고통이 올 때 단기간의 기분이 좋아지는 치료제를 찾으러 나서지 말라. 오히려 이때야말로 무릎을 꿇고 하나님을 직면해야 하는 때이다. 우리가 고통과 번뇌가운데 아파할 때 하나님은 우리의 아픔을 들으신다. 하나님께서 우리의 외침을 들으실 때 하나님은 하늘에서 내려와 우리가 속해있는 곳으로 되돌리신다. 하나님은 모든 것을 곧게 펴신다.

당신의 기도를 제단에 바쳐라. 당신 자신을 제단에 바쳐라. 하나님은 사랑스럽게 당신의 희생제물을 받으시고 긍휼하심으로 응답하실 것이다.

7

합심기도의 위력

교회는 함께 모인 2명 또는 2천명으로 구성될 수 있다.
2명 그 이상의 작은 모임은 함께 하나가 되는 힘을 가지며
하나님의 축복을 이끌어 낼 수 있다.

◆

"모든 것이
너의 기도에 달려있다는
심정으로 기도하라."

윌리엄 부스(William Booth)

◆

◆◇◆◇◆

　샌디에고의 어느 상쾌한 저녁. 동부출신의 한 경관과 함께 자동차로 순찰 중이었다. 이 날은 길거리 매춘으로 유명한 지역을 소탕하기 위해 계획된 특별한 날이었다.
　첫 번째 체포자는 영화배우 제니퍼 로페스(Jennifer Lopez)를 꼭 닮은 20살의 안젤라(Angela)라는 여성이었다. 우리는 그녀를 조사하기 위해 순찰차에 태우고 시내 경찰서로 데리고 갔다. 그리고 나서 우리는 그녀를 동쪽으로 40마일 떨어진 지역에 있는 여성 구치소인 라스 콜리나스(Las Colinas)로 데려갈 예정이었다.
　경관이 조사를 하는 동안 나는 앞좌석에 말없이 앉아 있었고 안젤라는 뒷좌석에 있었다. 앞뒤 좌석 사이에는 철망으로 된 칸막이가 있었다. 몇 분간의 침묵 후 나는 그녀에게 질문을 던지기 시작했다. 나는 경찰이 아닌 경찰 목사로서 우리가 나누는 대화는 법적으로 전혀 영향을 끼치는데 사용되지 않는다고 설명했다. 그녀는 괜찮다고 응답했다.

"당신은 명석하고 매력적인데…" 나는 말했다. "무슨 동기로 길거리 매춘을 하는 건가요?"

안젤라는 그 질문에 불쾌해 하지 않으면서 내가 그렇게 묻는 이유를 이해한다고 대답했다. 자신은 고등학교 중퇴생이라고 설명했다. 15살의 나이에 임신하자 부모는 그녀와의 인연을 끊어버렸다. 그녀의 남자친구도 자기의 아기가 아니라고 부인하며 그녀를 떠나고 말았다. 아기가 태어난 후 지난 4년 동안 그녀는 음식 값과 세금을 지불하기 위한 돈을 벌기 위해 길거리로 나오게 되었다.

그녀는 AIDS에 걸릴까, 낯선 사람에게 강탈될까 혹은 경찰기록에 남게 될까 등에 대해 두려워하지 않았다. 그녀의 친구들은 자신이 창녀인 것을 모르며 그녀가 사고로 남편을 잃은 독신녀로서 보험금으로 생활하며 저녁에 대학을 다니는 것으로 알고 있었다.

그녀는 매춘으로 돈을 많이 벌 수 있으므로 매달 며칠만 일하면 되었다. 그녀에 의하면, 하룻밤 매춘 값으로 매달 집 임대료를 해결하고, 이틀 치 매춘 값으로 자동차 비용을 대며 삼일 치 매춘 값이면 음식과 모든 일용품을 살 수 있다고 한다. 그녀는 그날 밤 식당에 필요한 식탁과 의자를 구입하려고 거리에 나선 지 몇 시간 만에 단속된 것이다. 그녀는 특별하게 돈 쓸 일이 생기면 길거리로 나와 매춘을 하였다.

안젤라는 멕시코 국경인 티와나(Tijuana) 방향인 샌디에고 남동쪽에 살고 있었다. 그녀가 정기적으로 일했던 이 거리는 그녀의 집과 이웃에서 멀리 떨어졌기에 그녀를 아는 사람들은 전혀 눈치를 채지 못했던 것이다. 그녀는 지난 4년 동안 비밀스런 생활을 했고 평화롭게 생활했다. 적어도 그녀는 그렇게 말했다. 그녀는 자기 아들을 사랑했고 자신과 아들 두 사람만의 넉넉한 아파트를 준비했고 자동차를 소유하고 있으며 예쁜 옷도 입을 수 있었다.

그녀가 얘기를 마칠 때쯤 동행한 경관이 조사실에서 나와 우리가 있는 주차장으로 걸어왔다. 나는 그 경관 앞에서 그녀를 당황스럽게 만들고 싶지 않아서 이렇게 질문했다. "하나님은 아세요?"

그녀는 모른다고 대답했다. 그녀는 하나님에 관해서 아무것도 모르며 전혀 관심 없다고 했다. 그러나 질문해 주어서 고맙다고 대답했다.

여성 구치소로 가는 동안 라디오의 잡음소리와 경관과 나의 몇 마디 잡담 이외에는 조용했다. 구치소로 향하는 행렬에는 다섯 명의 다른 여자들이 있었다.

안젤라가 구치소로 들어가면서 말문을 열었다. "목사님, 나와 나의 영혼과 내 아들을 위해 기도해 주세요. 사실은 조금 전에 목사님께 하나님을 모른다고 한 말은 거짓말이에요. 내가 아주 어렸을 때 나는 늘 기도했고 교회를 다녔으며 성경을 읽었어요. 내가 11살 때 엄마에게 어른이 되면 수녀가 되겠다고 말했어요."

그런데 그녀의 어머니는 "하나님은 너같이 나쁜 여자 애를 원하지 않아"라고 하며 예쁘고, 사랑스럽고, 예민한 아직 성숙치 못한 그녀의 가슴에 비수를 꽂았다.

그날 저녁 그 젊은 여성의 체포와 그녀의 어머니의 말은 수년 동안 내 머리에 맹맹 거렸다. 나는 지금도 안젤라와 그녀의 아들을 위하여 기도하고 있다.

교회는 기도 안에서 성장할 필요가 있다

당신도 이 이야기를 읽으면서 그 당시 내가 가졌던 반응이 있었을 것이다. "도대체 무슨 엄마가 딸에게 그런 식의 말을 할 수 있었을까? 안젤라가 그런 지경에 이른 건 당연해. 왜 하나님은 나쁜 여자애를 원하지 않는다는 거야? 그렇다면 하나님의 가족으로 참여하려면 좋은 사람이어야 하고, 그들만이 교회의 유용한 구성원이 된다는 건가?"

오늘날도 교회에 대해서, 크리스천의 의미에 대해서, 하나님이 원하시는 사람들에 대해서 오해가 많다. 안젤라의 어머니도 분명히 교회에 대해서 잘못 이해했다. 안젤라는 명백히 하나님이 교회에서 그녀에게 말씀하신다는 사실을 알았고, 그녀도 어린 나이에 하나님께 응답하기를 원했을 것이다. 그러나 그녀의 어머니는 부모에게 문제아인 사람은 하나님께도 문제아가 된다고 잘못 생각했던 것이다. 이 것은 진실과 동떨어진 이야기다. 11살짜리 소녀는 오랫동안 어린아이가 아니었다. 그녀는 4년 후에 임신을 했다.

나는 그녀의 어머니가 만약 교회에서 사랑하고, 자비롭고, 은혜로운 하나님께 기도하도록 자녀를 가르쳤다면 이런 결과는 일어나지 않았을 텐데…라며 안타깝게 생각했다.

"여호와의 말씀이 내게 임하니라 이르시되 내가 너를 복중에 짓기 전에 너를 알았고 내가 태에서 나오기 전에 너를 구별하여서 너를 열방의 선지자로 세웠노라 하시기로 내가 가로되 슬프도소이다 주 여호와여 보소서 나는 아이라 말할 줄을 알지 못하나이다 너는 아이라 하지 말고 내가 너를 누구에게 보내든 너는 가며 내가 네게 무엇을 명하든지 너는 말할지니라 너는 그들을 인하여 두려워 말라 내가 너와 함께 하여 너를 구원하리라 나 여호와의 말이니라 하시고"(렘 1:4~8)

하나님은 모든 연령층의 사람들을 자신 앞으로 나아오도록 부르신다. 그들을 영적으로 성장하고 성숙하도록 양육하는 것은 교회의 책임이다. 혹 당신은 이렇게 질문할 수 있다. "교회가 무엇인가?" 일반적으로 교회란 단어는 우리 마음속에 십자가 첨탑과 긴 의자와 제단, 십자가와 착색이 된 유리창문이라는 영상으로 떠오른다. 당신이 유럽과 영국을 여행한다면, 돌로 된 커다란 구조물은 지난 시대를 말해줄 뿐이라는 것을 보게 될 것이다. 그 시대 벽돌공, 목수와 기술자들은 "하나님의 영광을 위하여" 부지런히 설계하고 디자인하여 대성당을 건설했다. 오늘날 후기 기독교 시대에 와서는 그 낡아빠진 수많은 교회 건물들이 박물관, 회교사원, 술집, 그리고 댄스 클럽이 되어 버렸다.

나는 스코틀랜드(Scotland) 에딘버그(Edinburgh)에서 주일 설교를 했던 기억이 있다. 그 교회 건물은 높은 천장과 돌로 된 벽과 마룻바닥이어서 아주 추운 겨울바람을 막을 수가 없었다. 그 교회는 실내가 외부만큼 추웠기 때문에 모든 교인들은 털옷과 스카프를 착용하였다. 어떤 노인들은 긴 털옷을 입었고 높은 단에 서있는 성가대원들도 적어도 백 년 전에 발간된 찬송가를 가지고 노래했는데 각 성가대원들도 털옷과 장갑과 스카프를 착용했으며 그중 한두 명은 귀마개도 하고 있었다.

나는 혼자 생각했다. 어떻게 청소년 또는 젊은 부부가 주일아침에 일찍 일어나 그들이 알지도 못하는 구식의 노래를 부르면서 이 구식의 박물관 같은 교회에 들어가서 떨면서도 교회에 출석할 수 있을까?

내가 말하고 싶은 요점은 교회란 건물이나 전통과는 관계가 없다는 것이다. 많은 교회가 낡았고 구식이었다. 건축이나 시설 면에서 뿐만 아니라 하나님이 우리를 너무 사랑하셔서 우리 죄로부터 우리를 구하기 위해서 이 세상에 독생자 외아들을 보내셨다는 하나님의 역사와 사랑을 생각하는 것조차 낡고 구식이었다.

신자들의 모임

교회는 건물이 아니다. 교회는 예수 그리스도를 구세주로 믿는 사람들의 모임이다. 요한복음에서 예수께서 말씀한 것을 믿는 그 신앙을 실행하는 자들이다. "하나님이 세상을 이처럼 사랑하사 독생자를 주셨으니 이는 저를 믿는 자마다 멸망치 않고 영생을 얻게 하려 하심이라"(요 3:16).

1세기에서 21세기 사이 어딘가에 교회란 단어가 그 의미를 잃게 되어 사람들이 하나님을 알 수 있는 핵심을 막아버리고 있다. 이스턴 예증 성경사전(Easton's Illustrated Dictionary of Biblical Terms)에서 교회라는 개념을 읽어보자.

그리스어로 '큐리아콘(kuriakon)', 즉 '주님의 집으로 예배드리는 장소로 고대 저자들에 의해서 사용되었다'에서 유래되었다.

신약성경에서 그리스어 '에클레시아(ecclesia)'라고 번역되었다. 구약성경에서는 히브리어인 '카할(kahal)'의 동의어로 두 단어는 단순히 모임을 의미하며, 그 모임의 성격은 그 단어가 발견된 관계를 통해서만 알 수 있다. 비록 후기 사도시대에 일찍이 그 의미를 받아들였지만 모임 또는 예배 장소로 사용된 분명한 예는 없다. 이 단어는 "영국 교회"나 "스코틀랜드 교회"처럼 동일한 직업을 연합하는 한 나라의 거주자들을 의미하는데 사용되지는 않았다. (이스톤 : Easton 1983)

교회는 분명히 공동체 안에서 같은 마음, 같은 믿음을 소유한 모임이 되도록 하나님에 의해서 고안되었다.

두 명 또는 그 이상이 모이는 곳

우리 교회는 작은 모임에서 시작되었다. 우리는 지금도 수년 동안 작은 모임과 가정 사역을 시행하고 있다. 사람들이 서로를 알게 되고 많은 유사한 도전과 문제를 직면하는 것을 배우는 것은 작은 모임을 통해서이다.

고립은 마귀들이 사용하는 가장 강력한 무기 중의 하나이다. 우리가 붐비는 사람 한가운데에 있으면서도 고립감과 외로움을 느낄 수 있다.

작은 모임은 영적 성장을 이끌어 준다. 그들은 서로서로 공유할 수 있는 기회를 제공하며 "다른 사람의 짐을 지고 그리스도의 법을 성취하는" 기회를 제공한다(갈 6:2).

예수님이 다음과 같은 놀라운 약속을 우리에게 남기셨다는 것은 당연한 것이다.

"진실로 너희에게 이르노니 무엇이든지 너희가 땅에서 매면 하늘에서도 매일 것이요 무엇이든지 땅에서 풀면 하늘에서도 풀리리라 진실로 다시 너희에게 이르노니 너희 중에 두 사람이 땅에서 합심하여 무엇이든지 구하면 하늘에 계신 내 아버지께서 저희를 위하여 이루게 하시리라"(마 18:18~19)

이 말씀은 교회에 대한 성경의 사전적 정의이다. 교회는 장소가 아닌 사람들이다. 예수님은 두 사람이 에클레시아(교회)를 위한 자격이라고 명쾌하게 말씀하셨다. 이제 이러한 정보를 사용하여 우리의 교회가 기도 가운데 성장하기 위해 우리가 배울 필요가 있는 몇 가지 교훈을 밝히고자 한다.

첫째로, 두 사람이면 충분한 정족수를 만든다. 동의하는 두 사람은 어떤 것이라도 하나님께 기도하며 구할 수 있다. 그러면 이루어진다. 하나님은 우리의 기도를 응답하신다. 그러나 항상 우리가 기대하는 방식으로 이루어지는 것은 아니다. 우리는 자신의 기도응답에 시간제한을 가지며, 어떻게 정확히 응답되어져야 하는가에 대한 기대치를 가지고 있다.

킹 제임스 성경(King James Bible)에서 "그러나 하나님은"이란 단어가 50번 나온다는 사실을 알고 있는가? 이 두 단어는 하나님께서는 종종 기대하지 않는 방식으로 일하신다는 사실을 상징한다. 나는 기도에 관해서 이러한 사실을 명심한다. 왜냐하면 나 자신도 기도할 때 기대치와 시간제한을 가지고 있기 때문이다. 그러나 나는 전혀 다른 방식으로 일하시는 하나님을 믿는다. 따라서 하나님께 기도 응답을 받기 위해서는 우리는 융통성을 가져야 한다.

둘째로, 두세 사람이 예수님의 이름으로 "함께 올 때에"(킹 제임스 성경에서는 "함께 모일 때에"라고 되어 있다) 그들 한가운데에 예수님을 모시는 것이다. "함께 모일 때"라는 용어는 모임이라는 개념의 의미를 포함한다. "한가운데"라는 단어는 다같이, 그들 중에 또는 그들 가운데 등을 의미한다. 그러므로 교회는 함께 모인 2명 또는 2천명으로 구성될 수 있다. 2명 그 이상의 작은 모임은 함께 하나가 되는 힘을 가지며 하나님의 축복을 이끌어 낼 수 있다. 그리고 예수님은 그의 백성들 가운데 나타나시며 교회는 시작된다.

나는 두세 사람은 효과적인 기도를 위해서 필수적이라고 결코 믿지 않았다. 나는 개인적인 기도를 강하게 믿었기 때문이다. 요점은 교회도 기도 중에 성장할 필요가 있다는 것이다. 종종 우리는 교회를 단지 주일아침 예배 또는 수요일 저녁 기도 모임 정도로만 생각한다. 그렇게 생각을 제한해서도 안된다. 목사님들과 다른 영적 지도자들은 개인들로써, 두세 사람의 모임 안에서 또는 커다란 대중 모임에서 그들을 기도하도록 훈련함으로서 하나님의 교회를 확장할 필요가 있다.

성령님의 좌석 배치도

나는 5장에서 하나님께서 오래된 극장을 어떻게 구입하게 하셨는지를 묘사했다. 이 극장에는 좌석 배치가 세 부분으로 되어 있다. 한 좌석 구분이 각각의 벽 쪽에 1개의 통로를 가지고 있고, 가운데 2개의 통로를 가지고 있다. 그리고 무대에서 맨 뒤쪽까지는 거리가 40m이다. 그래서 뒷줄에 앉은 사람은 강단이 아주 멀다. 이 대강당은 교회성장을 위한 많은 자리를 제공했다.

어느 날 저녁 성령께서 내게 뭔가 새로운 일을 하도록 자극하셨다. 하나님은 우리 교회를 위한 계획을 가지고 계셨다. 하나님은 단계적으로 나에게 그 계획을 보여주셨다.

첫 번째 단계는 우리의 기도모임은 정확히 오후 5시에 모인다고 발표했다. 5시 이후에는 아무도 강당에 들어오지 못하도록 했다. 우리 교회는 주로 융통성 있는 규칙과 느슨한 시간표에 적응된 해변가 사람들이다. 이 방법을 시도하자 처음에는 5분에서 10분 늦게 나타나는 몇몇 사람들에게는 어려웠다. 그러나 3, 4주 후에 우리 교회 교인들은 정시에 도착하는 훈련을 받아들이기 시작했다. 성경공부와 예배시간은 정확히 6시에 시작되었다.

두 번째 단계는 성령님이 우리를 믿음 안에서 성장하기를 원하신다는 것을 인식하는 것이었다. 성령님은 우리에게 하나님의 나라로 많은 영혼들을 전도하도록 부르신다는 것을 믿도록 우리에게 도전하셨다. 성령님의 인도하심에 따라 나는 모든 사람들에게 강당 오른쪽 좌석부터 앉을 것을 요구하였다. 성령님은 일단 빈 좌석이 없이 맨 앞줄에서 뒷줄까지 한쪽 좌석 면이 다 채워지면 그 후에는 중앙 좌석 면을 채우실 거라고 말씀하셨다. 사람들은 좋아하지 않았다. 어떤 사람들은 좌석을 얻기 위하여 일찍 도착하기를 원하는 사람도 있었고, 어떤 사람은 기도하지 않기를 원했고, 그저 옆 좌석이나 뒷

좌석에 홀로 앉아 같이 참여하는 것을 원치 않았다. 새로운 훈련이 시작되었다. 이 모든 훈련은 히피시대(hippie era) 끝자락에 이루어진 것이다. 즉, 권위에 전혀 신경 쓰지 않는 훈련되지 않은 젊은 사람들을 다뤄야만 했다. 그러나 한 달 후에 오른쪽 좌석 면은 다 채워졌고 중앙 좌석 면이 채워지기 시작했다. 중앙 좌석 면이 채워지자 왼쪽 좌석 면이 채워지기 시작했다. 우리는 작은 모임에서 출발하여 9백명이라는 신자의 모임으로 성장했다.

왜 이렇게 급속도로 성장했는지는 언급하지 않겠다. 그냥 그렇게 되었다. 나는 하나님의 음성을 들었고 순종했다. 그리고 하나님은 원하시는 바를 하셨다. 내 생각에는 하나님의 계획의 일부는 사람들에게 일찍 나와서 기도하고 예배에 나오는 법을 배우게 하려고 훈련시키는 것이었다. 그리고 하나님은 우리의 젊은이들을 성숙시키고 책임 있는 사람으로 가르치셨다.

이 모든 일은 25년 전에 일어난 일이었다. 나는 지금 젊은 청소년들에게 고등학교 졸업장을 수여한다. 그들의 부모들은 그 당시 기도 모임에 있었고, 성경공부를 했던 "그때 그 시절" 멤버들이다. 내가 나이를 먹어 가면서 이제 젊은이를 위한 결혼 주례를 맡고 있다. 그들 부모들도 초창기 시절에 교회를 다녔던 분들이다.

교회의 작은 모임

우리 교회가 기도 훈련을 하도록 성장시키는 특별한 방법을 당신의 교회에 적용하기를 바란다.

우리가 하는 한 가지 일은 대형 교회 조직의 일부로써 작은 모임을 만드는 것이다. 주일아침에 우리 교회는 시간제한이 있다. 주일 예배시간 사이에 교인들은 교제하고 주일학교에서 아이들을 데려오려면 장소를 이동해야 한다. 그래야 다음 모임의 사람들이 주차장을 사용할 수가 있다. 그런데 토요일 저녁에는 한 번의 예배밖에 없기 때문에 특정한 시간에 이동하지는 않는다.

나는 토요일 저녁 성경공부 후에는 3명에서 6명 정도의 그룹을 지어 서로 기도하도록 한다. 이 기도는 부끄러움을 타는 사람이 자기들을 위하여 다른 사람이 기도해 주는 것을 듣게 해주고, 기도의 용사들이 초보자들을 은연중 훈련시키는 역할도 한다. 이 기도 모임을 통해 얻은 최고의 것 중 하나는 대중 집회의 통일성이다. 개인들이 2명에서 5명의 사람들이 서로에게 축복의 기도를 하는 것을 알게 될 때 그들의 생애에 큰 영향을 주게 된다.

금식과 기도의 주간

최근 우리 교회는 1년에 두세 번씩 금식과 기도 주간을 가진다. 회중들과 함께 우리 사역 팀들은 기도하는 주간동안 가능하면 오랫동안 금식하도록 권면한다.

이 특별 주간동안 저녁 7시에서 시작하여 9시에 끝나는 저녁기도 모임을 갖는다. 교인들에게는 2시간 동안 기도하기를 권고하지만 아무 때나 돌아갈 수도 있다. 예배는 의자를 무대를 향하여 놓고 시작하고 두세 가지의 찬양을 한 후 성경을 읽고 기도한다. 그리고 의자를 원으로 만들어서 다섯 명에서 여섯 명으로 나누어 서로 기도하기 시작한다. 매일저녁 각기 다른 기능의 음악, 예배와 기도를 한다.

다시 말하면 우리는 기도의 동심원(同心圓) 안에서 각 주일을 조직한다. 월요일 저녁시간에는 우리는 전 세계를 위하여 기도를 시작한다. - 위기상황, 사건들, 종교적인 박해, 지구상의 필요들을 위하여 기도한다. 우리의 선교사들을 위하여 기도하며 외국에 있는 전도집회를 위해서도 기도한다.

화요일 저녁에는 세계 기도에서 국가 기도로 바뀐다. 수요일 저녁에는 주(州)를 위한 기도에 집중한다. 그래서 우리는 캘리포니아 주와 관련된 문제들을 위해서 기도한다. 목요일 저녁은 샌디에고 도시와 주변도시를 위해 기도한다. 시 정부, 소방서, 경찰서, 의료기관, 병원, 학교, 시 감독관들, 가난한 자들, 곤경에 빠진 아이들, 그리고 우리 공동체에 관련된 모든 것을 위해서 기도한다. 우리는 우리 주변 도시의 각 도시부터 시작하여 다른 도시 끝까지 기도한다.

우리는 저녁마다 사람들이 홀로 또는 집단으로 행할 수 있는 성만찬을 제공한다. 이때 대개 3천 5백 명의 사람들이 교회에서 기도하며 다른 사람들은 가정과 인터넷을 통해서 기도한다. 이 시간은 교회가 기도로 성장하도록 우리에게 기회를 준다. 주변 도시에서 매일 몰려와 다같이 모여 기도하는 두세 사람의 모임과 더불어 가정 교제와 교회 예배도 성장한다.

아가페 상자와 기도 대장

우리는 수년간 교회 현관에 "아가페 상자(또는 사랑의 상자)"를 설치했다. 예배시간에 늦게 오거나 헌금을 내지 못한 사람들이 예배 끝나고 나가는 중에 자신의 동전이나 지폐 또는 수표를 집어넣는 상자이다. 체육관에도 유사한 상자가 4개나 있다. 이 상자 안에는 기도 요청서와 우리 시설을 위한 헌금이 들어있다. 수년간 내가 배운 것은 다음과 같다. 사람들이 하나님의 집의 많은 장소에서 기도해야 되는 것들을 발견할수록 교회는 더 많은 기도를 드리게 된다는 것이다.

우리가 온라인 웹사이트를 만든 이래 전 세계에서 기도 요청서가 들어오고 있다. 우리가 국제 라디오 방송국을 가진 이래 기도가 수십 배 더 요구되고 있다. 사람들이 기도 요청서를 넣을 수 있는 장소가 늘어나면서 많은 기도들이 우리에게로 오고 다양한 성격의 기도들이 오고 있다. 어떤 기도들은 주일 게시판에, 어떤 기도들은 칠판에, 어떤 기도들은 눈물에 젖은 채, 어떤 기도들은 크레파스로 써있기도 한다. 이러한 기도 요청들은 교회의 전 식구들에게 분배된다.

나의 어머니는 헌신된 기도 팀을 조직하고 "기도 대장들"을 임명하신다. 미국과 전 세계에서 기도 요청서들이 쇄도하면 이것들을 각 기도대장들에게 분배한다. 그들은 기도에 헌신된 남자와 여자 조직을 감독하고 있다. 기도 대장은 매주 특정한 양의 기도 요청서를 책임진다. 그러면 모든 기도 요청서들은 각 개인의 기도제목으로 보내진다.

이 팀 구성원들은 기도에만 초점을 맞춘다. 그들은 기도 요청자들의 사생활을 절대 누설해서는 안된다. 매우 신중해야한다. 교인들이 기도와 사랑에 빠질 때 갱신과 부활의 불꽃이 참여하는 모든 사람에게 일어난다. 이것은 우리 교회의 살아 있는 간증이다.

1-800-Hit-Home

　매우 효율적인 목회가 되기 위한 마지막 제안은 하나님은 젊은이들을 접촉하여 사용하신다는 것이다. 이 사역은 일주일에 두 시간 젊은이들과 전화로 대화하는 것이다. 고통 받는 아이들 또는 청소년들을 예수님께로 인도하는 것보다 중요한 것은 없다.

　이 사역이 어떻게 시작되었는지 살펴보자. 1949년 로스앤젤레스에는 지진이 몰아 닥쳤다. 물론 샌 앤드리아스(San Andreas) 단층이 무너지는 그런 지진은 아니었다. 이것은 영적인 지진이었다. 젊은 복음주의 운동가인 빌리 그래함 목사님이 지금은 장막 집회(Tent Crusade)로 유명해진 집회를 수 주 동안 걸쳐 인도했었다. 빌리 그래함 목사님이 미국에서 국가적인 인지도를 얻게 된 것이 바로 그때였다. 이 이야기는 거슬러 올라가서 부유한 출판업자인 윌리암 랜돌프 호스트(William Randolph Hearst)가 빌리 그래함 목사님의 설교를 듣고 로스앤젤레스 모임에 참석했던 유명 인사들의 삶이 변화된 것에 감탄하였다. 너무 감명을 받아서 그는 전국적인 신문에 기사화 하여 다음과 같은 말을 게재하였다. "그래함을 내뿜다." 나머지는 역사(history)가 되었다.

　엘리스 바우스(Alice Vaus)는 아름다운 젊은 크리스천이었다. 그녀는 백만 명중에 한 명인 남자와 결혼했다. 엘리스는 헐리우드 장로교회에 참석했는데 빌리 그래함 천막 집회에 자기 남편인 제임스 아더 바우스(James Arthur Vaus)와 같이 참석하기를 원했다. 주저하던 남편 제임스는 어느 날 밤 집회에 참석하여 예수 그리스도의 복음을 듣고 여러 사람들과 거듭난 사람으로 동참하게 되었다.

내가 제임스를 "백만 명중에 한 명"이라고 말했다. 그 이유는 그가 대단히 사악한 성격이었기 때문이다. 제임스는 미키 코핸(Mickey Cohan)이라는 유명한 폭력 단원과 일을 했다. 1949년에 미키 코핸은 유명인사 지위를 얻게 되었다. 제임스는 전자학의 천재였다. 대단히 명석하고 장난기 많은 사업가였다. 나는 그를 사악한 사람 또는 나쁜 사람으로 분류하고 싶지 않다. 그는 단지 많은 돈을 벌기 위해서 법의 가장자리를 맴도는 교활한 친구였다.

제임스는 "도청 전문가"로 유명하게 되었다. 그는 전화를 도청해서 코핸이 상대방을 염탐할 수 있게 해주었다. 유명한 영화 대 스타들과 일반배우들도 제임스를 고용하여 그들의 연인이나 배우자의 전화를 도청하기도 했다. 로스앤젤레스 경찰도 제임스를 이용하여 여러 사건을 파헤칠 수 있었다. 몇 년 내에 '도청가(The Wire Tapper)'라는 그의 경험을 바탕으로 한 개봉영화가 전국적으로 극장에서 상영되기도 했다.

이런 제임스가 크리스천이 되었을 때 아내인 엘리스는 적잖이 행복했다. 그러나 제임스의 사장인 코핸은 그렇지 않았다. 제임스가 그 패거리들을 거슬렀기에 그들은 매우 화가 났었다. (만약에 당신이 폴 뉴먼(Paul Newman)과 로버트 래드포드(Robert Redford) 주연의 '스팅(The Sting)'이라는 영화를 보았다면 제임스의 궁지를 이해할 수 있을 것이다)

제임스는 어디서 마권업자와 연결되는 가를 알고 있었고, 그는 경주장에서 내기도박이 이루어지는 연결점이나 어떻게 방송중계를 연기할 수 있는지도 알고 있었다. 그가 크리스천이 되기 전에 자신의 사기단을 설립해서 일분 정도 경주 방송을 지연시킨 적도 있었다.

그래서 미리 결과를 알아서 경주에 돈을 건 그의 동업자에게 방송이 나가기 전에 결과를 보내었다. 여러 번 경주에서 돈을 딴 후 제임스는 매번 승리하고 자신들은 지는 것을 수상히 여긴 상대방들은 미키 코핸과 그의 친구들에 대해서 의심하게 되었다. 결과적으로 이 사기로 인해 제임스의 동업자가 살해되었다. 미키 코핸과 그의 강력한 암살 단원이 제임스를 협박하였다. 그때 제임스는 거듭났고 모든 과거는 지나갔고 용서받게 되었던 것이다.

초자연적으로 하나님은 제임스의 인생을 간섭하셔서 그를 구하셨다. 미키 코핸은 제임스와 클립 배로우(Cliff Barrows)와 빌리 그래함 등과 단독으로 여러 번 모임을 가졌다. 미키 코핸은 신자가 되기 위해서 최선을 다했지만 그가 정말로 그렇게 되었는지는 약간 의문이다.

제임스는 청소년들과 일하는 것을 좋아했기 때문에 뉴욕 도시의 지옥의 문이라고 불리는 할렘(Harlem)의 아주 거친 지역 중 한곳에서 일하기 시작했다. 그는 돈은 없었지만 기도로 곤경에 처한 청소년들을 위한 피난처로써 가게 앞부분을 개방했다. 그는 성경공부를 인도했고 다른 활동도 이끌었다. 그는 청소년들이 조직에서 벗어나 길거리에서 방황하지 않게 하기 위해 체이스 맨해튼 은행(Chase Manhattan Bank)의 이사장인 조지 챔피언(George Champion)의 도움으로 도시 외곽의 부동산을 사들였다. 제임스의 사역은 수백 명의 버려지고 나쁜 짓을 하는 청소년들을 돌아서게 하였다. 오늘날 그들 중 많은 자들이 협력 이사가 되었다. 그 중에 제임스의 일에 영향을 받은 한 여성은 박사 학위를 받고 지금은 샌디에고 주립대학의 교수로 재직 중이다.

제임스는 그의 가족들과 샌디에고로 이주, '청년개발협회(Youth Development Incorporated)' 라 불리는 사역을 계속하고 있다. 내가 제임스를 만났을 때 그는 그의 사역을 나에게 의탁하여 그 일이 계속되기를 바랬다. 그 일이 전화 사역을 포함하여 오늘날 1-800-Hit-Home으로 알려지게 되었다.

약 만 명의 청소년들이 매달 도움과 인도를 구하고 있다. 이들 중에 많은 청소년들은 누군가와 대화하기를 원한다. 내 아들 필립은 이제 그 사역의 운영자가 되어서 이 젊은이들의 마음을 위로하고 있다. 그들 모두가 가출한 아이거나 청소년 범죄자들은 아니다. 사실상 그들 중 많은 청소년들은 크리스천 가정의 출신들이다. 우리 사역지에도 1-800-Hit-Home에 헌신하는 컴퓨터가 있다. 미국 50개 주에서 전화가 걸려오며 전국적으로 교회와 개인 크리스천들에게 연결되고 있다. 봉사자들은 전화를 통하여 청소년들과 대화하며 기도하고 있다. 전화가 통화중 일 때 컴퓨터는 자동적으로 다음 번 사람에게 전화를 전환시켜준다.

불행하게도 모든 전화의 35%가 응답받지 못하는 전화이다. 왜냐하면 상담원과 기도 대원들이 아직 부족하기 때문이다. 바로 이 부분이 당신의 교회가 기도로 성장할 수 있는 길이다. 우리 교회에 참여해보라. 그러면 미국의 수많은 젊은이들에게 예수님에 관하여 들을 기회를 갖게 만들 수 있다.

능력을 분출하라

성경은 교회가 처음 모이기 시작한 것은 기도하기 위해서였음을 보여준다. 오순절 날에 120명의 성도들이 한방에 모여 기도할 때 성령이 그들에게 임하셨다. 그들의 영은 너무 뜨겁게 점화되어 서로 방언을 하며 예언하기도 하였다.

나중에 새로운 신자들이 급속도로 늘어나자 크리스천들은 더욱 뜨겁게 기도의 강한 역사와 기도와 연관된 능력을 믿게 되었던 것을 사도행전을 통하여 우리는 목격할 수 있다.

"빌기를 다하매 모인 곳이 진동하더니 무리가 다 성령이 충만하여 담대히 하나님의 말씀을 전하니라"(행 4:31)

역사상 어느 때도 오늘날처럼 기도의 용사들이 필요한 때는 없었다. 오늘날처럼 교회가 기도의 힘을 많이 필요로 하는 때는 없었을 것이다. 우리가 기도와 사랑에 빠지면 하나님의 영을 우리의 개인적인 삶, 교회, 그리고 공동체에 넘치게 부어주실 것이다.

8

기도로 성장하기

우리의 과거의 실패와 잘못을 바라보면서
하나님의 사랑과 은혜의 빛 안에서 그것들을 볼 수 있듯이
기도생활에도 기계적이고 반복적인 기도를 뛰어 넘어
기도의 성장을 볼 수 있어야 한다.

"기도를 하면 할수록
기도는 더욱 쉬어진다.
기도가 쉬어지면 쉬어질수록
당신은 더 많은 기도를 하게 된다."

테레사 수녀(Mother Teresa)

◆◇◆◇◆

 나는 청소년 시절 또래의 집단에 어울리기 원했었다. 나는 입버릇이 상스러운 사람이 남자답게 보인다고 생각하고 그렇게 행동했었다. 대부분의 남자들은 욕을 잘 하고 음담패설을 즐긴다는 것을 알았다. 그래서 내가 20살이 되었을 때 나는 어마어마한 욕쟁이가 되어 있었다. 그 당시 나는 음탕한 얘기에 능했고, 그러한 얘기를 자주 지껄이고 다녔다. 아마도 당시에 환경보호단체가 있었다면 사회 안전을 위해 나의 입을 격리시켰을 것이다.
 1970년 봄, 나는 예수님을 나의 구주와 구세주로 영접했다. 그때부터 나는 매일 기도와 성경 읽기가 의무적인 것이 되었다. 어느 날 아침 평소처럼 기도하고 말씀을 묵상하는 가운데 갑자기 번개가 내 마음의 중심을 내리치는 듯한 느낌을 받게 되었다. 그때 나는 한마디의 욕도 하지 않고 음탕한 얘기나 지저분한 생각도 없이 무려 일

주일동안 지냈다는 것을 알게 되었다. 예수님께 헌신한지 겨우 일주일 만이었지만, 나의 기도와 성령님의 정결케 하는 역사가 이미 나의 삶에 극적으로 일어나고 있었던 것이다. 그날부터 지금까지 예수 그리스도의 피가 나의 생각과 입을 깨끗케 하셨다.

하나님께서 내 인생에 역사 하신 또 다른 간증이 있다. 나는 항상 내 속에 비열한 성향을 가지고 있어서 사람들에게 반드시 "보복"하려는 성격이 있었다. 어릴 때부터 성인이 되기까지 울화가 치밀어 오르는 분노가 지속되었다. 어느 날인가 예전 같으면 화가 치밀어 올라 욕을 퍼부을 상황에 처했는데 갑자기 그런 마음이 완전히 사라진 것이었다. 예수 그리스도께서 나의 마음 깊은 곳에 자리한 분노를 가져가신 것이다.

내 안에 일어난 이러한 변화를 보면서 나는 다음의 성경구절을 회상한다.

> "육체의 일은 현저하니 곧 음행과 더러운 것과 호색과 우상 숭배와 술수와 원수를 맺는 것과 분쟁과 시기와 분냄과 당 짓는 것과 분리함과 이단과 투기와 술 취함과 방탕함과 또 그와 같은 것들이라 전에 너희에게 경계한 것 같이 경계하노니 이런 일을 하는 자들은 하나님의 나라를 유업으로 받지 못할 것이요"(갈 5:19~21)

내 육체의 일이 너무나 부드럽게 제거되었다. 나는 본질상 사도 바울이 밝힌 윤곽의 모습이 나의 그림이었다. 나는 자기중심적이고, 야심에 차고, 시기하고 술 취한 자였다. 나는 분냄, 분노, 증오심과 질투로 가득 차 있었다. 그러한 나에게 지독하고 자기 파멸적인 성향을 극복할 수 있는 소망이 있었겠는가?

이 모든 것을 예수님께서 취하시고 사도 바울이 말한 다음의 말씀처럼 놀라운 자질로 자리바꿈하기 시작하셨다.

> "오직 성령의 열매는 사랑과 희락과 화평과 오래 참음과 자비와 양성과 충성과 온유와 절제니 이 같은 것을 금지할 법이 없느니라"
> (갈 5:22~23)

당신과 마찬가지로 내가 주님 안에서 성장하고 있다는 사실을 깨닫는 것은 새로운 일이다. 분냄과 분노가 온유함으로 자리바꿈 되고, 기쁨과 평안이 당 짓는 성향을 없애버린다. 자기 절제가 술 취함과 마약을 제거한다.

우리 과거의 실패와 잘못을 바라보면서 하나님의 사랑과 은혜의 빛 안에서 그것들을 볼 수 있듯이 기도생활에도 성장을 볼 수 있어야만 한다. 우리는 "편안한 잠을 주소서"나 "이 음식에 축복하소서"라는 기계적이고 반복적인 기도를 넘어서는 기도의 성장이 요구된다. 우리의 기도생활은 하늘의 아버지와 대화를 나누면서 더욱 풍성하고, 충만하고, 기쁨으로 가득해야 한다.

당신은 자신의 성장을 감독하기 위한 기도의 감시 장치가 필요치 않는가? 나의 도전을 받아들이고 당신의 기도를 들어보라. 그러면 당신은 기도가 성장하고 있는가를 볼 수 있을 것이다. 당신의 기도에서 자신보다는 남을 위한 기도를 많이 할수록 당신은 더욱 영적인 성장을 가져오게 될 것이다. 하나님께서 당신의 삶 속의 문제를 하나하나 제거하실수록 당신은 하나님께 간청하기보다는 하나님을 찬양하게 될 것이다. 당신의 기도가 그렇게 성장하면 당신의 영혼은 하나님과의 관계와 더불어서 성장할 것이다.

내가 말하려는 요점은 이렇다. 당신의 기도생활을 발전시키는 가장 좋은 방법 중의 하나는 기도의 결과로 당신의 삶에 일어나는 변화와 성장에 민감하라는 것이다. 당신이 성장할수록 더 많이 기도하기를 원할 것이다.

마음속에 이런 생각을 하면서 기도의 영역에서 성장하는 몇 가지 실제적인 방법을 살펴보자.

반사적인 기도

나는 회심 초기에 '반사적인 기도'라는 것을 배웠다. 의사가 병원에서 사람들을 진료실 의자에 앉게 한 후 다리를 약간 올려놓고 안정을 취하게 하고 무릎 아래쪽을 가볍게 치는 점검 방법이 있다. 조그만 망치로 오른쪽 무릎을 치게 되면 다리가 약간 위로 올라가게 된다. 물론 이것은 우리의 반사신경을 검사해서 근육과 신경체계가 정상으로 작동되는 지를 알아보는 것이다. 내가 반사적인 기도라고 하는 것은 이 상황과 유사하다.

어떤 사람이 당신에게 와서 "저를 위해 기도해주세요?"라고 하면 당신은 "예, 기도해드리지요"라고 말할 것이다. 그런 후 시간이 지나면 다 잃어버린다. 며칠이 지나서 그 친구가 기도를 부탁했다는 기억이 우연히 생각났지만, 당신은 도대체 무엇을 위해 기도해 달랬는지를 기억하지 못한다. 그때 사탄은 당신을 저주하기 좋아하며, 뉴욕의 조제식품 가게에 매달려있는 훈제고기들처럼 줄줄이 죄책감을 들게 만든다. 나 자신도 "쉬지 말고 기도하라"(살전 5:17)는 말씀을 깨닫기 전에는 마찬가지였다. 반사적인 기도는 당신이 기도해 주기로 약속하고 나서 실행하지 못한 것에서 드는 죄책감을 벗어나게 해준다.

반사적인 기도는 무릎관절의 반응보다 민감하다. 그보다는 "기도 신경"이 자극 받을 때 즉각적으로 반응하는 것을 말한다. 나는 이 사실을 나의 스승이신 척 스미스(Chuck Smith) 목사님께 배웠다. 그분은 내가 예수님을 영접한지 2년째 되던 해에 수요일 저녁 성경공부를 나에게 가르치도록 맡기셨다. 수백 명의 교인들이 참석하기에 예배가 마치면 줄이 길게 늘어서게 된다. 사람들은 여기저기 모여 배운 내용을 토론하거나 기도 요청을 나누기도 한다.

많은 신자들이 나에게 와서 "마이크, 나를 위해 기도해 주시겠어요?"라고 묻는다.

나는 "그럼요, 꼭 기도할 게요"라고 대답하는 대신에 "예, 좋습니다. 지금 기도합시다"라고 말한다. 나는 그때 거기서 몇 초 또는 몇 분 동안 그들을 위해 기도를 해주곤 하였다.

그런 식으로 나의 "의무"를 수행했다. 그러면 기도해 줄 내용을 적는다거나 자세한 내용을 기억하려고 노력할 필요가 없었다. 그리고 내가 나중에 함께 기도할 때 잊어버린다 해도 죄책감에 시달리지 않아도 되었다.

맥주회사 사장의 특별 비서였던 케이스 리터(Keith Ritter)라는 교우가 있었다. 그는 캘리포니아 주 뉴포트 비치(NewPort Beach)에서 부동산 회사를 소유한 성공한 사업가였다. 케이스는 주님을 섬기기 위하여 사업을 그만두고 70년대 초기에 대규모로 부흥하기 시작한 갈보리교회(Calvary Chapel)의 집행이사가 되었다. 케이스는 가르치는 장로로서 필요할 때는 척 스미스 목사님을 돕기도 하였다.

몇 년 후에 케이스는 아시아에서 섬기기를 원해서 아내인 수(Sue)와 함께 홍콩으로 건너가 중국으로 복음을 증거하는 일에 일조했다. 다시 몇 년 후 케이스는 캘리포니아로 돌아왔고 홍콩에서 사역한 내용을 토의하기 위해 척 스미스 목사님을 만나게 되었다.

목사님과의 모임이 있은 지 일주일 후에 나는 척 스미스 목사님이 새 시계를 차고 있는 것을 보았다. 내가 홍콩에 다녀온 적이 있었기 때문에 그러한 시계는 미국에서 팔지 않는 시계라는 것을 알았다. 최초의 마이크로 칩이 내장되어 있어서 디지털 숫자로 시간을 알려주는 시계였다. 옆쪽의 단추를 누르면 전 세계의 시간을 한 눈에 볼 수도 있다. 오늘날의 기계적 수준으로 본다면 올드 패션이지만 1973년에는 새로운 것이었다.

내가 그 시계를 보면서 말했다. "목사님, 멋진 시계네요. 제가 홍콩에 있었을 때 한 번 본적이 있는데요."

척 스미스 목사님은 케이스와의 만남에 대해서 말해주었다. 목사님은 케이스가 차고 있는 시계가 멋지다고 말했더니, 그가 차고 있던 시계를 벗어주면서, "목사님, 가지세요. 선물입니다. 한 가지 부탁은 이 시계를 볼 때마다 나를 기억하고 기도해주세요"라고 말했다고 한다.

목사님은 케이스에게 시계를 공짜로 받지 않고 100달러를 주었다. 왜 그랬을까? 그것은 그렇게라도 해서 자신이 기도를 잊어버리는 경우에도 케이스를 위한 기도의 책임감을 벗어날 수 있었기 때문이다. 목사님이 기도의 의무를 다하지 못할 때도 그 시계가 죄책감을 일으키는 장치가 되지 않게 한 것이다.

우스꽝스럽게 보일지 모르지만 재미있게 들리는 말이었다. 사실 척 스미스 목사님은 늘 습관적으로 케이스를 위해서 기도하셨다. 그러나 시계 값을 지불하심으로 엄격한 규칙을 지키면서 의무감으로 기도할 필요가 없는 것이었다. 이런 것이 반사적인 기도의 한 예이다. 시계를 보면 케이스를 위해 기도한다.

내게 있어서 반사적인 기도는 기도를 상기시키는 통용어나 표시 문자보다 더 단순하다. 어떤 사람들은 기도하기 위해 자명종 시계를 맞추거나 달력에 계속 기도목록을 작성한다. 만약 당신이 그런 식으로 기도한다면 대단히 잘하고 있는 것이다. 내 경우에는 즉석에서 그 순간에 기도하기를 좋아한다. 그래서 기도 요청한 세부적이고 상세한 기도 제목이 내 뇌리 밖으로 사라지지 않는다.

이런 식의 기도는 기도와 사랑에 빠지는 것을 쉽게 해준다. 주일날 아침 교회에서 나는 대개 예배 전, 후, 중간에 수십 명의 사람들과 이야기를 나눈다. 나는 즉석에서 교인들과 함께 기도하는 것이 그 사람들과 주중에 약속해서 기도하는 것보다 더 효율적으로 시간을 사용한다는 사실을 알게 되었다.

많은 경우에 내가 발견한 것은 한 시간 정도의 만남은 악수, 몇 분간의 청취, 그리고 "기도합시다"와 같은 단순한 말로 구성되어 있다. 그러나 반사적인 기도는 며칠 후가 아닌 바로 그때 일어난 상황을 조정하는 것이다.

내가 완전히 낯선 사람과 기도하는 것이 어설프지 않는 것은 아무 때나 어디서든지 그 욕구가 일어나는 곳에서 기도하는 것이 나의 삶의 일부이기 때문이다. 그러므로 나의 권면은 기도가 당장 필요한 그때 그곳에서 하라는 것이다.

기도의 고전에서 영감을 받아라

나는 1800년대와 1900년 초기의 목회자들이 직접 쓴 글이나 그들에 관한 책 읽기를 좋아한다. 그 기간 동안에 영국과 미국에서 기도의 깊은 뿌리를 가진 영적 대각성이 일어난 해였다. 많은 위대한 목사님들과 성경 교사들이 이 기간에 성장했고, 세계적으로 그리스도의 몸인 교회들이 축복을 받았다. 많은 남녀 헌신자들이 성령님의 감동하심에 반응하여 선교지로 들어갔다. 리빙스턴(David Livingstone)은 아프리카로 갔고, 허드슨 테일러(Hudson Taylor)는 중국으로 갔으며, 무디(D. L. Moody)는 한 팔은 미국을 다른 한 팔은 영국과 스코틀랜드를 품은 채 갔다. 챨스 스펄전(Charles Spurgeon), 메이어(F. B. Meyer), 캠벨 몰간(G. Campbell Morgan), 그리고 마틴 로이드 존스(D. Martin Lloyd-Jones) 같은 분들은 뜨거운 기도의 심장을 가진 성경 교사들이었다. 이제 내가 가장 존경하는 이들 신앙의 위인들을 살펴보기로 한다.

무디(D. L. Moody)

무디는 그의 단순한 성품 때문에 나의 "믿음의 영웅"이 되었다. 그는 기도에 깊이 헌신되고 하나님의 얼굴을 구하는 자였다.

이 부흥 전도자는 미국 내 주일학교 운동의 도구로 쓰임 받았다. 그는 어린이들을 사랑해서 시카고에 있는 동안에는 어린이 사역을 했다. 그가 가르친 주일학교에 수백 명의 아이들이 모이는 것은 아무것도 아니었다. 무디는 YMCA 초창기 제안자이자 후원자 중의 한 사람이었다(비록 오늘날 바뀌진 YMCA 모습을 본다면 무디는 너무 놀랄 것이다).

최근에 그의 전기 집 '만 앤 무디(Mann and Moody)'가 재 출판되었다. 이 책은 그의 아들에 의해서 쓰여졌는데 독자들의 호기심을 일으킬 뿐 아니라 자극하기도하는 내용이다. 무디는 예수 그리스도가 받아야 할 영광과 관심을 자신이 받는 것을 원하지 않았다. 그는 고아원, 교회, 성경학교 등 어린이 사역장을 설립했고 한 번에 수만 명 앞에서 설교했다. 무디는 아일랜드, 스코틀랜드, 웨일즈, 영국, 그리고 미국 전역의 사람들을 하나님의 왕국으로 이끌었다. 실제 1891년에 샌디에고에서 복음주의 운동 집회를 개최하였다. 그가 뿌린 몇몇 씨앗들이 내가 살고 있는 시대에서도 열매를 맺고 있으며 1세기가 지나서 내가 그 열매를 수확하는 특권을 가지게 된 것이다.

당신은 무디의 설교와 무신론자와 믿지 않는 자들과 우연히 만나게 된 이야기 등을 즐기게 될 것이다. 예수님처럼 그는 너무 현실적이어서 "일반 대중들은 그의 말을 즐겁게 들었다"(막 12:37, KJV 참고). 무디는 회심하기 전에 시카고에서 구두 판매원이었다. 그는 아주 훌륭한 판매원이어서 많은 사업가들이 나중에 돈을 기부하여 무디가 시작했거나 지지하고 있는 단체를 도와주었다.

그의 말재주의 은사는 그로 하여금 위대한 연설가가 되도록 성령님이 사용하셨다. 비록 험담가들은 그가 사용한 많은 잘못된 영어 사용을 비판하였지만 사실상 그는 설득력 있는 화법가였다. 한편 그는 교육을 충분히 받지 못했기 때문에 그의 형편없는 문법실력은 청중들, 특별히 군중 속의 인텔리들로 하여금 인내하게 하였다.

무디는 그에게 다가오는 모든 결정에 대해서 기도했다. 그는 설교해야 하는 사람들을 위해서도 기도했다. 그는 하나님의 나라를 위하여 일을 시작하는데 필요한 수만 달러를 위해서도 기도했다. 그는 주변에 기쁨을 주는 사람이었다. 재치와 유머 감각이 넘치는 명랑한 사람이었다. 그는 하나님을 향한 부드러운 마음이 있었다. 이 마음이 잃어버린 죄인들을 위한 그의 관심과 돌봄에 반영되었다.

그러한 마음가짐은 기도의 시간들에서 온 것이다. 기도에 대한 응답을 기다리고, 기도에 대한 응답을 받는 것에서 온 것이다. 분명한 것은 우리가 주님의 발 앞에 더 많이 앉아 기도할수록 우리는 하나님의 속성을 더 많이 지니게 된다는 것이다.

앤드류 머레이(Andrew Murray)

머레이는 헌신과 기도의 영역에서 내 삶에 영향을 끼친 또 다른 영웅이다. 비록 영감을 주고 정보를 주는 여러 책을 추천할 수 있지만 그의 고전작품인 '기도학교에서 그리스도와 함께(With Christ in the School of Prayer)'라는 책은 필독서이다. 그는 이 책을 19세기에 남아프리카에서 썼다. 머레이는 성령 충만한 네덜란드 개혁 목사로서 다른 어떤 은사를 받은 작가나 목사보다 지난 100년 간 기도의 영향을 끼쳤던 사람이다.

그는 한때 이렇게 말했다. "기독교인의 삶에 있어서 기도의 장소와 능력이 거의 이해되지 못하고 있다." 나는 그의 이 말에 적극 동감한다.

머레이는 무디에게 영향을 주었다. 내 생각에는 서로가, 즉 양방향으로 영향을 끼쳤다고 생각한다. 동시대 인물이었던 토레이(R. A. Torrey)는 머레이와 무디와 같이 복음주의 전도집회에서 함께 강단을 사용했다고 한다. 토레이는 성령세례와 성령과 동행하는 크리스천의 삶에 대해서 놀라운 설교를 한 반면에 무디의 메시지는 예수 그리스도의 사랑과 구원의 은혜였으며, 머레이의 강조는 믿음, 헌신, 기도 안에서 크리스천이 동행해야 한다는 것이었다. 이 세 명의 거장들이 한 장소에서 설교한다고 상상해보라.

죠지 뮬러(George Mueller)

죠지 뮬러의 전기 집인 '죠지 뮬러, 믿음과 기적의 사람(George Muller, Man of Faith and Miracles, 밀러 : Miller 1941)'은 나에게 용기를 북돋아 주었다. 그는 영국 사람으로서 그의 목회는 그 시대의 많은 동시대 사람들을 믿음과 기도의 사람이 되도록 하였다.

나는 뮬러를 생각 할 때마다 수년 동안 내 마음에 지워지지 않는 이야기가 있다. 어느 날 아침, 고아원의 소년들이 아침식사를 준비하고 있었다. 그때 고아원 원장이 뮬러에게 더 이상 음식이 없다고 말했다. 뮬러는 그 말을 듣고 "기도했습니까?"라고 물었다. 물론 모든 사람은 기도했다라고 대답했다.

뮬려는 기도한 후 원장에게 모든 것이 괜찮을 것이라는 확신을 주었다. 잠시 후 부엌에서 노크소리가 들렸다. 우유배달부가 마차의 축이 고장 나서 수리할 때까지는 음식이 상할 것이라고 말하면서 고아원에 우유와 계란, 치즈를 사용할 수 있는지 물었다. 잠시 후 또 다른 노크소리가 들리더니 이번에는 빵집 주인이었다. 그는 빵을 너무 많이 구워 남아서 가져왔다는 것이다.

어떤 달은 청구서가 날아들었지만 고아원에는 2페니가 모자랐다. 이때 뮬러는 모든 것을 준비하시는 하나님이 계시다고 해서 항상 만족스런 일만 있는 것은 아니라고 하면서 직원들과 함께 기도하고 또 기도했다. 그리고 나서 구호품 상자(alms box)에 갔더니 그 안에 2페니가 들어 있었다.

뮬러는 믿음과 기도의 매력적인 사람이다. 나는 무디와 머레이와 더불어서 당신에게 이 뮬러에 대한 책을 필독서로 추천한다. 그들의 삶은 대단히 많은 열매를 맺었다. 그러므로 그들이야말로 우리가 기도와 사랑에 빠진다면 하나님은 당신을 통하여 가져다 줄 열매의 예들이다.

본 받아야 할 모범

내가 단순히 기도와 사랑에 빠지게 된 것은 척 스미스 목사님이 나의 모델이셨기 때문이다. 그분은 기도를 사랑하시는 분이다. 하나님께 나를 이끄신 목사님보다 더 영적으로 능력 있는 목회자는 없다고 확신한다. 하나님께 대한 그분의 헌신은 사랑으로 가득 찬 기도의 생활로 절정을 이룬다.

나는 젊었을 때 몇 가지 특별한 것을 위하여 기도하였다. 신비주의, 마술, 동양종교에 사로잡힌 나는 하나님께 이렇게 기도하였다. "하나님! 단순히 하나님을 사랑하고 성경을 사랑하는 분을 내게 보내 주십시오. 그리고 나에게 성경을 가르치되 자신의 제자로 삼으려고 노력하지 않는 사람을 보내 주십시오." 그러나 그때 나는 기도의 능력에 관해서 알지 못했기 때문에 그 기도에 "기도를 사랑하는 사람에 대해서는" 말하지 못했다. 그럼에도 불구하고 위의 모든 조건을 충족하고 게다가 기도까지 사랑하는 척 스미스 목사님을 만나게 해주신 것이다. 나는 권위자나 성인 또는 유명 인사를 바라지 않았다. 단지 하나님을 사랑하는 사람만을 필요로 했다.

 나의 영적인 생활의 과정을 회상해 보면 내 마음에선 기도의 훈련을 더 많이 성장시키려는 강한 욕구가 있었다. 내가 점점 나이가 들어가면서 영적인 성숙도가 증가할수록 나는 하나님의 많은 자녀들이 믿음과 기도의 사람들이 되기를 원한다. 기도의 놀라운 능력을 이해하는 우리 교회와 공동체에서 사람들을 성장시키려는 나의 노력이 성공하기를 나는 기도한다. 그리고 당신 또한 기도의 그 놀라운 능력을 이해하고 인식하게 되어 당신 자신의 기도가 더욱 효과적이 되고, 당신의 영향력을 발휘할 수 있는 범위 내에서 모든 사람들에게 기도를 사랑하는 것을 확산시키기를 나는 기도한다.

9

올바른 태도로 기도하기

우리 모두는 올바른 태도와 관점으로 기도하는 것을 배워야 한다.
즉, 하나님의 나라가 확장되도록 기도해야 한다.
그리하면 인류를 구원하시는 하나님의 사명에 참여하는
놀라운 특권을 가지게 된다.

◆

"모든 기도의 목적은
하나님의 뜻을 발견하는 것이며
그 뜻을 우리 기도로 만드는 것이다."

캐서린 마샬(Catherine Marshall)

◆

◆◇◆◇◆

CIA에 따르면 루마니아는 중동유럽에서 가장 가난한 나라들 중에 하나이다. 1989년에 그 나라를 지배했던 독재정권이 무너졌다. 정부의 통제력은 가난에 빠진 그 나라의 훌륭한 사람들에게 넘겨졌다. 그들에게는 황폐한 산업적 기반과 단지 엘리트들만을 위한 사업 분위기만 남겨져 있었다.

수년간 그 나라의 독재 지도자였던 차우체스코(Nicolae Ceausescu)는 농부의 아들이었다. 나라 내부와 외부의 보고에 의하면 그의 통치는 극단적으로 억압적이며 부패했다. 그는 1918년에 태어나서 대중과 군인들이 함께 저항운동이 있었던 1989년까지 살았다. 이 저항운동으로 인해 차우체스코와 엘레나(Elena)는 체포되어 사형되었다.

나는 루마니아에 두 번 여행할 수 있는 기회가 있었다. 한 번은

1977년이며, 또 한 번은 1987년이다. 두 번 모두 그 독재자가 권력을 유지했던 시기였다. 생활에 필요한 필수품은 대도시, 마을, 시골 등으로 배급되고 있었다. 비밀경찰은 어디에나 있어 루마니아 국민들을 감시했고, 특별히 그 나라를 방문한 나 같은 미국인은 더 철저히 감시했다.

나의 방문 목적은 정치적인 것이 아니라 영적인 것으로 루마니아에서 예수 그리스도의 복음을 전하려했다. 그 당시 그곳은 음식이 항상 부족했기에 집에 손님을 초대한다는 것은 쉬운 일이 아니었다. 이러한 상황 때문에 우리가 여러 지방을 여행할 때 하나님은 내 마음과 영혼에 깊은 진리를 심어 놓으셨다. 이것은 오늘날까지도 내가 소중히 여기는 교훈이다.

박해하의 기독교인들

첫 번째 교훈은 1977년 오라디아(Oradea)라는 아름다운 동네에 갔을 때였다. 이 도시는 헝가리에서 10㎞ 떨어진 루마니아 북서 지역에 위치하고 있으며 오늘날 대략 22만 5천 명의 인구가 살고 있었다.

내가 3주 동안 폴란드, 체코슬로바키아, 그리고 헝가리에서 집회를 마쳤을 때 루마니아교회에서 집회를 인도해 달라는 초청을 받았다. 초청한 교회의 장로님이 마중을 나와 나는 내 동료들을 오라디아 시내의 미리 예정된 장소에서 만날 수 있었다. 그곳은 수세기에 걸쳐 디자인을 대표하는 아름다운 건물과 건축물이 있었다. 그곳에서 우리 세 명은 같이 만나 그 교회 장로님의 집에서 저녁식사를 하였다.

그는 아주 소박하게 옷을 입고 있었다. 아주 오래되고 헤어진 재킷과 아마도 한 벌밖에 없는 듯한 바지를 입고 있었다. 그의 집은 길거리에 있었는데 수리해야 할 집이었지만 간신히 하루를 벌어먹고 사는 사람들이었기 때문에 그냥 방치된 채 쓰러져가고 있었다. 7명의 자녀들이 있었고, 그의 아내가 따뜻함과 기쁨으로 우리를 맞아 주었다. 그 당시에는 미국의 성경교사를 모신다는 것은 분명히 특별한 대접이었다. 크리스천의 사랑으로 가득한 이 집에 들어서자 나는 겸손해질 수밖에 없었다.

이렇게 대식구가 살고 있는 집안은 너무나 가난했다. 커다란 거실, 부엌, 그리고 화장실 딸린 침실이 있었다. 그게 다였다. 이 집은 조그마한 마당이 있었고, 길거리와 개인 사생활을 보호해 주는 문이 하나 있었다. 그것은 앞집과 구분할 뿐이었다. 공산주의 통치 하에서는 기독교가 항상 허용된 것은 아니어서 믿음을 지키려면 지불해야 할 대가가 있었다. 나는 다음의 예수님의 말씀을 생각했다.

"의를 위하여 핍박을 받은 자는 복이 있나니 천국이 저의 것임이라 나를 인하여 너희를 욕하고 핍박하고 거짓으로 너희를 거스려 모든 악한 말을 할 때에는 너희에게 복이 있나니 기뻐하고 즐거워하라 하늘에서 너희의 상이 큼이라 너희 전에 있던 선지자들을 이같이 핍박하였느니라"(마 5:10~12)

가난한 기독교인들

우리가 음식을 먹기 위해 앉으려고 할 때 그들 가족은 나를 식탁의 주인자리에 앉혔다. 이것은 적잖이 친절한 행위였다. 아이들은 식탁에 둘러 서 있었다. 나는 그들에게 같이 먹자고 제안했다. 그들의 따뜻한 웃음은 너무 온화해서 마치 내가 천사들에 둘러싸여 있는 것처럼 느낄 정도였다.

우리가 머리를 숙여 기도할 때 이 거룩한 가정의 아버지가 기도를 인도했다. 그의 부드럽고 인자한 기도는 나의 주목을 끌었다. 하나님을 향한 감사와 음식에 대한 감사의 기도가 분명했다. 창조자에 대한 이 가장의 초점은 주목할 만한 점이었다. 그리고 나서 우리의 여행과 오늘 저녁의 행사를 축복하는 기도를 했다. 그는 마치 하나님 앞에 서 있는 것처럼 이렇게 기도를 마쳤다. "우리 주님 구세주이신 예수 그리스도의 이름으로 기도합니다. 아멘."

저녁식사가 우리 앞에 제공되었다. 아이들은 계속 서 있는 채 웃으면서 우리에게 음식을 기쁘게 먹으라고 고개를 끄덕였다. 사실 나는 그 아이들과 함께 먹고 싶었다. 그러나 음식을 쳐다보자 우리 각자에게는 버터를 바른 빵 한 조각과 피망 한 조각이 다였다. 주 음식은 뜨거운 물과 껍질 벗긴 감자 반 조각으로 만들어진 수프였다. 이것을 본 나는 마치 내가 길거리를 지나가다 위에서 피아노가 내 머리에 떨어진 듯한 충격을 받았다. 이것이 그들 가족이 가진 모든 음식이었다. 그들은 주님의 이름으로 이 낯선 이방인들에게 모든 것을 바친 것이다.

식사를 마치고 나는 화장실을 써도 되겠느냐고 물었다. 침실과 붙어있는 열려진 문 쪽으로 나를 인도해 주었다. 나는 문을 닫고 침실을 향해 걸어갔다. 침실서랍장 위에는 조그만 동물 도자기형상 몇 개가 있었다. 사치스러운 것도 없고 비싼 것도 없었다. 만약 당신이 미국의 소매점에 가서 산다면 그것들은 1~2달러 정도 하는 것이었다.

그날 저녁 1천 5백명의 사람들이 에어컨도 없는 교회 강당에 모여 있었다. 마치 내일이 없는 것처럼 그들은 노래를 불렀다. 프랑스 파리 출신의 한 루마니아인은 80세의 연세이지만 자리에 앉아서 톱(saw)으로 '주님의 크신 은혜(How Great Thou Art)'를 연주했다. 내가 요한계시록을 가르치기 전에 나는 하나님과 평화를 누렸고, 이 무신론의 나라에서 공개적으로 하나님을 예배하기 위해서 희생을 했던 수많은 신자들의 앞에서 나는 철저히 겸손해졌다. 나중에 우리가 시내에 나왔을 때 우리를 대접했던 장로님이 조그마한 갈색 봉투를 건네주었다. 그들의 친절함에 진심으로 감사하여 그분과 함께 기도한 후 헤어졌다.

그 조그만 갈색봉투를 열어보니 그것은 침실서랍장에 있었던 도자기 동물이었다. 회색과 하얀색 털의 테리어 견 도자기 형상으로서 눈에 보기에도 금가 있었고 접착제로 붙인 것이었다. 그가 나에게 뭔가를 줄 필요는 분명히 없었다. 나는 강사에 대한 사례비도 받지 않았다. 그러나 그는 가난함 속에서 그가 가진 보배로운 것을 나에게 준 것이다. 그것은 내가 지금까지도 소중히 여기는 멋진 선물인 것이다.

억압적인 무신론 사회 속에서도 사랑과 감사의 희생적인 행동을 통하여 겸손하고 자기를 내어주는 그들의 자세는 풍부하고 가진 것이 넘쳐나는 기독교 사회에서 교만하고 자기중심적인 태도의 많은 교인들과는 극단적인 대조를 이루었다.

물질주의적인 교회

오늘날 서구문명에서 물질주의는 최고조에 달하고 있다. 물질적인 소유를 얻는 것은 소비 지향적인 오늘날 세계의 목표이다. 불행하게도 현대 사회의 교회에서도 발견되고 있는 모습이기도 하다.

1년 전에 미국 교회에 관한 몇 가지 정보를 알게 되었다. 정확하게 기억할 수는 없지만, 미국의 40만 교회 중에서 평균적인 교인 숫자는 75명에서 100여명 정도이다. 1년 예산은 10만 불 이상이고, 기부금은 전체 수입의 1~3%이다. 그 중에 내 관심을 끄는 한 가지는 교회 전체 건축 융자비가 10억불 정도라는 것이다. 더욱 나를 놀라게 한 것은 교회가 전체적으로 파산에 이르고 있다는 것이다. 소형교회는 마이너스 재정이 문제가 되어 성장과 확장을 막는 요소가 되고 있고, 대형교회 또한 빚이 문제가 되고 있다. 교회가 사람들을 사역에 끌어드리는 프로그램을 만들어 내는데 궁극적인 이유가 "사람이 많으면 돈이 많다"는 것에 근거하고 있다. 일부는 "클수록 좋다"라는 신념을 가지고 있으면서 빚을 갚고 융자를 재신청하는데 정신을 쏟고 있다. 세상적인 개념과 세상적인 방법 때문에 교회는 함정에 빠져있다.

내가 아는 한 사람은 물질로 사람들을 돕는 목회를 하고 있다. 예산, 빚을 줄이는 일 등. 그는 여러 베스트셀러 책을 썼고, 유명한 연설가이다. 나는 그를 존중한다. 그러나 나는 그를 도와주진 않는다. 그 이유는 다음과 같다.

하루는 우편을 받아 열어보니 사역을 도와달라는 내용의 월간지였다. 대부분의 크리스천 매거진들은 마치 우리가 개인적으로 오랜 친구인 것처럼 "호소하는 편지"를 매달 1일과 15일 보내온다. 그들 편지는 우리의 즉각적인 도움이 얼마나 중요한지를 설명하고 있다. 편지 아랫부분에는 각 신용 카드의 로고와 함께 회신용 봉투가 들어 있다. 또한 25불, 50불, 100불, 500불, 1,000불, 그리고 "기타" 라는 기부금 표시를 하도록 되어 있다. 그리고 다음 줄에는 반드시 이렇게 써있다. "매달 하나님이 주시는 대로 믿음으로 드릴 것을 약속합니다."

앞서 언급한 사람이 편지에서 말하고자 하는 바는 "이 단체는 빚에 빠져서 즉각 2백만에서 3백만 달러가 필요합니다"였다. 그의 사역은 불경기와 높은 실업으로 인하여 곤경에 빠져있었던 것이다.

나는 컴퓨터로 인쇄된 편지를 쓰레기통에 집어넣었다. 어찌하여 빚을 탕감하기 위한 원리를 가르치는 사람이 자신은 수백만 달러나 빚을 질 수가 있는가? 그의 "성경적인" 원리가 자신에게는 적용되지 않는데 왜 우리가 그의 상담을 따라야만 하는가? 이것은 "장님이 장님을 이끄는 꼴이 아니겠는가?"

나는 그에게 격한 냉소를 퍼부으려고 하는 것은 결코 아니다. 내가 말하려고 하는 것은 수천 명의 사람들이 기부한 돈으로 크리스천들에게 "돈을 버는 방법"을 가르치는 협회, 비디오, 카세트테이프, DVD, 그리고 책들에 수백만 달러를 사용한다. 그들은 이러한 제품을 수 시간씩 연구하고 여러 세미나에 참여한다. 그러나 그들 중에 많은 사람들은 조용한 기도시간을 내어 개인적으로 한 시간씩 기도하는 일에는 투자하지 않을 것이다.

사람들이 자신의 시간과 돈과 에너지를 소비하는 것은 그들에게 무엇이 가장 중요한 것인지를 보여준다. 그것은 그들의 핵심가치(core value)를 보여주는 것이다. 이것은 세상 사람들뿐만 아니라 교회에도 적용되는 것이다.

왜곡된 가치

오늘날 교회가 문제가 있다고 말하는 것은 너무 피상적인 언급이다. 사실은 각 개인들이 기도로 성장할 필요가 있듯이 교회들도 기도로 성장할 필요가 있다. 내가 앞장에서 언급한 것처럼 개인들이 자신의 기도생활에서 성장을 한다면, 그들은 번쩍이는 모든 것은 금이 아니라는 사실을 알기 시작할 것이다.

밥(Bob) 경사는 샌디에고 경찰국에서 오랫동안 근무하였다. 내가 20년째 근무하고 있는데, 그는 나보다 더 오래 되었다. 그는 베트남 전쟁의 수훈자이며 한 남편이요, 아버지이다. 내가 그를 다른 경찰 친구와 처음 만났을 때 우리는 밥의 사무실로 들어가 악수를 나누었다. 그의 책상과 서랍장에는 기억할 만한 많은 것으로 치장되어 있었다. 그리고 그전에 한 번도 보지 못한 어떤 것을 볼 수 있었고, 그의 벽에는 이상한 모양의 원반크기의 물체가 있었다. 그것은 분명히 값싼 스프레이 페인트로 칠한 금메달이었다. 그 밑에는 독특한 예술적 글체로 이렇게 써 있었다. "반짝이는 모든 것은 금은 아니다."

그 경사는 그 메달을 쳐다보는 나를 보며 이렇게 물었다. "이게 뭔 줄 아세요?"

"모르겠는데요. 이런 거 본적이 없어서…"

밥은 자신은 오클라호마(Oklahoma) 출신이며 매년 그의 가족과 친척들을 방문하기 위하여 가족들과 함께 오클라호마에 간다고 얘기했다. 그곳에는 시의 축제일에 "암소 파이(cow pie)" 던지기 대회가 있는데 밥은 작년에 그 대회에 참가하여 멀리 던지기에서 1등을 했다고 한다. 그 메달은 그때 받았던 금색의 암소 파이였다. 약간 조잡했지만 그러나 포인트를 주고 있었다. 밥 경사는 강력계 형사이다. 이 메달에 새겨진 말은 모든 것이 보이는 대로가 아니라는 사실을 그에게 상기시켜주고 있었다. 그는 계속 단서를 찾아야 하고 진실을 밝히기 위하여 꾸준히 질문을 할 필요가 있는 것이다.

이 이야기는 크리스천으로서 우리는 우리의 믿음에 관한 한 경계하고 진리를 찾아야 함을 상기시켜주고 있다. 우리는 쉽게 잘못 인도를 받고 속임을 당하기 쉽다. 그러나 성령님이 우리를 인도하시고 우리를 지시하는 수단을 기도가 제공한다는 것이다.

자기중심적인 교리들

오늘날 교회 안에는 복음이 아닌 얕은 교리들이 많이 있다. 그것은 마귀가 보낸 혼란(distraction)함에 불과한 경우가 많다. 이러한 혼란함들은 기도로부터 영적 열매를 맺지 못하게 하는 요소들이다. 나의 스승이신 척 스미스 목사님은 마귀가 교회를 이길 수 없다면 교회에 참여한다고 수년간 말씀하셨다.

몇몇 교회는 "긍정적인 고백"의 능력을 가르쳐서 자신들의 말이 자신을 성공 또는 실패케 할 수 있다고 확신시키고 있다. 비록 이러한 생각이 예수 그리스도나 사도들 또는 모세나 성경의 선지자들의 교리가 아닐지라도 사람들은 여전히 그것을 따르고 있다. 가르치는 교사들은 그 교리의 첫 번째 서론에서 사람들을 통제한다. 왜냐하면 그것을 부인하거나 도전한다면 부정적인 고백이 되기 때문이다.

우리 모두에게 여기서 문제가 되는 것은 자아에 관한 것이다. 즉, '복음이 나를 위해서 무엇을 하는가?' 하는 데에만 몰두한다. 이기주의는 통제에 관한 것이다. 만약 우리가 "원하는 것을 부르고 주장한다면" 또는 긍정적인 방식으로 말한다면 통제는 그것을 쉽게 얻게 해준다. 내가 여행한 제3세계 국가들의 크리스천들은 그런 교리에 매달리지 않고 있다. 사실상 그들은 그러한 선동가들을 거짓 선지자로 보고 있다. 물질적인 사회에서는 하나님이 그의 자녀들을 부자가 되고 번창하게 만들어 준다는 사고방식을 확산시키는 철학들이 잘 적용된다. 왜냐하면 가난한 사회들은 크리스천이 부유함을 얻을 자원이 없기 때문이다.

이러한 물질적인 "하나님은 당신이 부자가 되길 원한다"는 철학은 우리 주님의 말씀과는 다른 것이다. 예수님이 그의 제자들에게 말씀하셨다. "아무든지 나를 따라 오려거든 자기를 부인하고 자기 십자가를 지고 나를 쫓을 것이니라 누구든지 제 목숨을 구원코자 하면 잃을 것이요 누구든지 나를 위하여 제 목숨을 잃으면 찾으리라 사람이 만일 온 천하를 얻고도 제 목숨을 잃으면 무엇이 유익하리요 사람이 무엇을 주고 제 목숨을 바꾸겠느냐"(마 16:24~26)

예수님은 물질주의에 감명 받지 않으신다. 예수님은 물질의 풍요로움으로 그의 사역이나 개인적인 삶에 매달리지 않으셨다. 예수님은 자신을 따르는 자들에게 이렇게 말씀하셨다. "삼가 모든 탐심을 물리치라 사람의 생명이 그 소유의 넉넉한데 있지 아니하니라"(눅

12:15) 또한 이렇게도 말씀하셨다. "여우도 굴이 있고 공중의 새도 거처가 있으되 오직 인자는 머리 둘 곳이 없다 하시더라"(마 8:20)

교회가 하늘로부터 놀라운 사명과 성령님으로부터 놀라운 권능과 예수 그리스도와 같은 놀라운 지도자를 모시고도 왜 길을 잃고 계속 목적지에 가지 못하는 것일까? 내가 생각하기에는 이러한 이유가 신자들의 얕은 믿음과 기도의 부족함과 연관된다고 본다. 만약 교회와 신자들로 하여금 기도와 멀리 떨어지게 한다면 하늘의 권능과 영광도 막을 수 있다는 사실을 마귀는 알고 있다.

그렇기 때문에 하나님의 말씀을 읽고 공부하는 것뿐만 아니라 우리의 삶 속에, 특히 우리 기도생활에 그 말씀을 적절히 이해하고, 해석하고, 적용하는 것이 중요한 것이다.

말씀 비틀기

당신은 '야베스의 기도(The Prayer of Jabez)'라는 책에 관해 잘 알 것이다. 이 책은 수년간 센세이션을 일으켰다. 위클리(Weekly) 출판사는 이 책이 가장 빠른 시일에 베스트셀러로 팔린 책 중의 하나라고 발표했다.

뉴욕 타임즈(New York Times)에도 수개월 동안 베스트셀러가 된 이 책은 구약 성경에서 발견한 짧은 기도에 근거하고 있다. 나는 이 책을 "야베스의 오해된 기도"라고 부르기를 좋아한다. 나는 이 책의 저자를 알고 있고 그가 처음 목회를 할 때부터 그를 기억하고 있다. 나는 그를 존경하며 그가 자신의 책에 쓴 의도가 신실하고 정직한 것임을 믿는다. 그러나 나는 많은 사람들이 저자의 의도를 인용하여 이 책을 자신의 개인적인 성취로 왜곡하였음을 또한 알고 있다. 다시 말하면 많은 사람들이 영적인 축복과 번영을 위한 야베스의 기도를 인용하여 육체적인 축복과 번영을 받는 공식으로 바뀌어 버렸다.

이 기도는 역대상 4장 10절에 있다. 우리가 이 간단한 성경구절을 연구할 때 그 구절의 진정한 의도와 목적을 볼 수 있을 것이다. 여러 다른 성경 번역본을 통하여 이 구절을 살펴보자.

NLT(New Living Translation) : "야베스가 이스라엘의 하나님께 '나를 축복하시고 나의 영토를 넓혀 주시옵소서! 내가 하는 모든 일에 나와 함께 해주시고, 모든 어려움과 고통에서 나를 지켜주옵소서!' 라고 기도했고 하나님은 그의 기도를 들어주셨다." 이 번역은 야베스가 하나님께 물질적인 축복, 그리고 "모든 어려움과 고통에서 자기를 지켜달라는 개인적인 안위"를 위해 기도했다는 것을 명시하고 있다.

RSV(Revised Standard Version) : "야베스가 이스라엘의 하나님께, '오, 하나님 나를 축복해주시고 나의 영토를 넓혀주십시오. 하나님의 손이 나와 함께 하시고, 내가 아무 해를 입지 않도록 모든 해악으로부터 나를 지켜주십시오!' 라고 기도했고 하나님은 그의 기도를 들어주셨다." 이 번역에서도 야베스가 하나님께 더 많은 축복과 영토, 그리고 개인적인 안전을 위해 기도한 것처럼 보인다.

ASV(American Standard Version) : "야베스가 이스라엘의 하나님께, '오, 하나님 진실로 나를 축복해주시고 나의 영토를 넓혀주십시오. 하나님의 손이 나와 함께 하셔서 나를 모든 악으로부터 지켜주셔서 내가 슬픔을 당하지 않게 해주시옵소서!' 라고 기도했고 하나님은 그의 기도를 들어주셨다." 이 번역에서 야베스의 기도가 약간 다르게 번역되어 있는 부분을 주의 깊게 살펴보라. 축복과 영토를 넓혀달라는 것은 다른 번역들과 동일하다. 그러나 악에서 지켜달라는 것은 진리에 가깝다. 그리고 악으로 인해 슬픔을 당하지 않기를 바라는 마음은 하나님의 뜻대로 살겠다는 마음의 표현으로 보인다.

NASV(New American Standard Version, 1977판) : "야베스가 이스라엘의 하나님께, '오, 하나님 나를 진실로 축복해주시고 나의 영토를 넓혀주십시오. 하나님의 손이 나와 함께 하셔서 해로인해 고통 받지 않도록 나를 지켜주십시오!' 라고 기도했고 하나님은 그의 기도를 들어주셨다." 기도의 마지막 부분에서 보다 최근에 번역된 성경에서 "해로인해 내가 고통 받지 않도록!"이라고 번역된 점에 유의하라.

마지막으로, 두 가지 번역을 더 살펴보자.

KJV(King James Version) : "야베스가 이스라엘의 하나님께, '오, 하나님, 나를 진실로 축복하시고 나의 지경을 넓혀주시며, 하나님의 손이 나와 함께 하셔서 모든 악으로부터 나를 지켜주시고, 악으로 인해 내가 슬픔을 당하지 않게 해주시옵소서!' 라고 기도했고 하나님은 그의 기도를 들어주셨다." 이 번역에서도 야베스가 축복을 구하는 것도 같고, 영토에 대한 기도도 있다. 그러나 악에서 지켜달라는 부분에서는 악으로 말미암아 야베스가 슬픔에 빠지는 일이 없도록 구하는 것이 조금 더 분명하게 드러난다.

NKJV(New King James Version) : "야베스가 이스라엘의 하나님께, '오, 하나님 나를 진실로 축복하시고 나의 지경을 넓히시며, 하나님의 손이 나와 함께 하셔서 나를 악으로부터 지켜주셔서 스스로 고통을 자처하는 일이 없도록 해주시옵소서!' 라고 기도했고 하나님은 그의 기도를 들어주셨다." 이 번역에서도 기본적인 틀은 같다. 그러나 이 번역과 다른 번역들 간의 차이점은 야베스의 기도에서 야베스가 정말 간구하려고 했던 핵심이 다르다는 것이다. 그것은 "하나님이 나를 악으로부터 지켜주셔서 스스로 고통을 자처하는 일이 없도록 해주시옵소서!"이다.

이 번역은 마지막 문장 때문에 나의 시선을 사로잡고 있다. 주로 히브리어인 야베스라는 이름의 의미 때문이다. 국제표준성경백과사전(The International Standard Bible Encyclopedia)에 의하면 야베스라는 이름은 "그가 고통을 야기하다"라는 의미의 히브리 표현을 "상징하는 것처럼 해석되었다"(오르 : Orr 1988). 여기서 저자는 "그의 요청은 허락되어졌다. 그리고 그의 불길한 이름이 함축하고 있는 슬픔을 기도로 피하게 되었다"라고 말한다.

올바른 것을 구하라

물론 일반적인 사람은 더 많은 땅, 더 많은 번창, 더 많은 안전과 보호라는 생각을 좋아한다. 우리 모두는 그런 것을 원한다. 우리가 야베스의 기도의 문맥을 살펴볼 때 대부분 사람들은 거기에 따르는 책임은 원하지 않고 지나친다는 것을 볼 수 있다.

이것이 오늘날 교회의 기도 현장에서 일어나는 실제이다. 사람들은 영적인 영역에서의 번영보다는 육체적 영역에서의 번창에 더 많은 관심을 보인다.

내가 성경을 읽고 연구한 지난 30여년간 깨달은 것은 유태인들은 자신의 자녀들이 태어날 때 어떻게 이름을 짓고 그 이름이 자녀들의 삶 속에 어떻게 이루어지는가를 볼 수 있었다. 야베스의 경우에는 그의 이름이 "히브리어로 '고통' 이라는 발음과 같다"는 것을 알 수 있다(대상 4:9의 주를 참고하라). 이 사실은 그가 태어날 때 뭔가 어떤 일이 있었음을 말해준다. 그는 미숙한 아이였을 수도 있고, 그의 어머니에게 고통을 야기했을 수도 있다. 또는 그가 태어날 때 거꾸로 나왔든지, 아니면 태어날 때 다른 복잡한 사정이 있어서 다른 고통을 야기시켰을 수도 있다.

결국 그가 태어날 때 고통이 있었고 그 고통이 평생 그를 따라다녔을 수도 있다고 말할 수 있다. 문맥을 보면 야베스의 기도는 그가 뭔가 큰 것을 준비할 때, 그래서 하나님의 도움을 필요로 할 때, 그의 삶 속에 일어난 기도라고 볼 수 있다. 그가 가나안 족속과 전쟁에 나갈 준비를 할 수도 있고, 이스라엘을 위하여 하나님의 보호하심을 바라고 자신의 지경이 넓혀지기를 도와달라고 요청할 수도 있는 것이다. 만약 그렇다면 그의 기도는 자신의 지경을 위한 이기적인 기도가 아니라 그의 어머니가 그에게 준 그 불행한 이름을 막아달라고 하나님께 구하는 것이 된다.

당신은 무엇을 구하는가?

요즈음 가르침의 오류는 다른 사람뿐만 아니라 우리 자신의 이익을 위하여 복음이 잘못 사용된다는 것이다. 특히 기도가 하나님께서 약속하신 것을 하나님이 실행하도록 명령하는 식이 되는 것은 옳지 않다. 위의 내용이 함축하는 것은, 우리가 하나님으로부터 믿음의 약속을 받고 하나님의 사역에 믿음의 씨앗을 뿌렸다면 하나님께서 영적인 일뿐만 아니라 육적으로도 우리를 축복하기 위해 그의 약속에 따라 우리에게 응답하실 책임이 있다는 식의 해석인 것이다. 이것은 종종 하나님의 말씀을 믿고, 고백하고, 행하는 것으로 언급되어진다.

예수 그리스도의 말씀을 조심스레 읽어 보라. 그러면 성령님께서 당신의 눈을 열어주실 것이다.

> "너희는 무엇을 먹을까 무엇을 마실까 하여 구하지 말며 근심하지도 말라 이 모든 것은 세상 백성들이 구하는 것이라 너희 아버지께서 이런 것이 너희에게 있어야 될 줄을 아시느니라 오직 너희는 그의 나라를 구하라 그리하면 이런 것을 너희에게 더하시리라"(눅 12:29~31)

이 구절에서 예수님은 우리가 구해야 할 것과 구하지 말아야 할 것을 명백히 말씀하신다. 하나님은 우리의 기본적인 욕구와 필요를 알고 계신다. 하나님은 우리를 위하여 이런 것을 제공하겠다고 약속하셨다. 우리의 책임은 '그의 나라'를 구하는 것이다.

우리가 그의 나라를 구할 때 하나님은 우리를 위해 일하시는 기쁨을 얻으며 우리에게 모든 것을 주신다. 풍요로운 사회의 문제는 5천 달러짜리 롤렉스시계만큼이나 귀중히 여기는 1, 2달러짜리 도자기는 없다는 것이다. 우리가 원할 때 우리는 고기요리와 왕 게를 주문해서 먹을 수 있다. 그러나 우리는 감자 한 덩어리로 물에 끓여 만든

수프에는 만족하지 못한다.

  우리는 지나치게 넘치게 가지고 있다. 우리는 많은 돈과 많은 시간을 가졌으면서도 말을 듣지 않는 못된 사람들이다. 그러므로 우리가 구하기 이전에 우리의 욕구가 다 이루어졌기에 더 이상 구할 것이 없다. 그런데 우리는 분명히 세상적인 사고방식을 우리의 영적인 삶에 옮겨오고 있다.

  기도는 소유, 돈과 물질과는 아무 관계가 없다. 기도는 하나님과의 관계를 깊게 하여 하나님이 원하시는 사람으로 성장하는 것과 그의 나라를 확장하고 풍성케 하는 것을 추구하는 것에 전적으로 관련되어 있다. 우리 모두는 올바른 태도와 관점으로 기도하는 것을 배워야한다. 즉, 하나님의 나라가 확장되도록 기도해야 한다. 그리하면 인류를 구원하시는 하나님의 사명에 참여하는 놀라운 특권을 가지게 된다. 이것이 기도의 핵심이다.

10

개인기도는 이뤄진다

기도는 개인적으로 이루어진다는 사실을 당신은 믿는가?
어떻게 기도가 당신 자신과 당신이 기도하는 다른 사람에게
혜택을 줄 수 있을까?

◆
"기도를 멈추는 자는
번영도 멈춘다."
윌리엄 거니 밴함(William Gurney Benham)
◆

◆◇◆◇◆

최근에 기도의 능력을 보여주는 한 신문 사설 만화를 보게 되었다. 두 칸으로 된 이 만화의 첫 번째 칸에는 군함과 탱크들, 그리고 옆에는 프레데터(Predator) 무인 정찰비행기가 있었다. 두 번째 칸에는 B-52 비행기, 스텔스 전투기, 그리고 옆에는 교회의 긴 의자에서 무릎 꿇고 머리 숙여 기도하는 한 여자가 있었다. 그녀의 기도는 "전쟁 포로들을 석방시켜 주소서"였다. 그 만화의 아래 칸에는 이렇게 써있었다. "이중에 어느 것이 가장 쎌까?"

기도는 개인적으로 이루어진다는 사실을 당신은 믿는가? 어떻게 기도가 당신 자신과 당신이 기도하는 다른 사람에게 혜택을 줄 수 있을까? 기도생활에서 얻을 수 있는 것은 무엇일까?

내 생각에 기도생활에서 얻을 수 있는 가장 큰 축복 중에 하나는 기쁨이다. 예수님의 말씀을 생각해보라. "구하라 그리하면 받으리

니 너의 기쁨이 충만하리라"(요 16:24)

나는 이 말씀을 사랑한다. "너의 기쁨이 충만하리라." 우리의 기도가 하늘나라에 들려진다는 것을 예수님으로부터 강조되고 있다. 하나님은 들으시면 응답하신다. 그리고 그 결과는 우리가 기쁨으로 충만해지는 것이다.

나는 행복하기를 원치 않는 사람을 만나본 적이 없다. 어린아이들은 웃는 것을 좋아하며 기쁨으로 충만하다. 아이들은 자연스럽게 그렇게 한다. 할아버지로써 나는 어린 손자들이 내가 간지럽게 하거나 우스꽝스러운 얼굴을 짓거나 재미난 행위를 하면 너무 즐거워한다. 큰손자들은 좀더 성숙한 방식으로 이야기하기를 원한다. 그래서 나는 그들에게 진부한 농담이나 수수께끼 퀴즈를 낸다. 그러나 나이와 관계없이 우리 손자들은 기쁨으로 충만해서 항상 웃는다.

사도 요한은 다음과 같은 말씀을 예수님으로부터 직접 배웠다.

> "우리가 보고 들은 바를 너희에게도 전함은 너희로 우리와 사귐이 있게 하려 함이니 우리의 사귐은 아버지와 그 아들 예수 그리스도와 함께 함이라 우리가 이것을 씀은 우리의 기쁨이 충만케 하려 함이노라"(요일 1:3~4, NKJV 참조)

이 말씀에서 요한이 예수님과 똑같은 단어를 사용한 것을 볼 수 있는가? 그의 글에서 요한은 예수님의 사역의 증인이었고, 예수님의 말씀을 직접 들었다고 밝힌다. 요한이 글을 쓴 목적은 글을 통하여 사도들과 함께 교제하도록 하는 것이며, 그 교제는 진정으로 예수님과 함께 한다는 사실을 보여주는 것이다. 그러므로 우리가 기도와 성경공부로 성장한다면 우리는 결국 예수님과 교제하는 것이다.

여기서의 요점은 기쁨으로 충만케 할 수 있다는 것이 아니고 우리의 기쁨이 충만해 진다는 것이다. 하나님이 우리에게 제공하시는 것은 양이 아니라 질이다. 개인적으로 성취되는 기도에 관하여 우리는 값비싼 자동차나 엄청난 땅을 소유한 다섯 개의 방이 달린 집을 사는 것에서 오는 기쁨보다 더 기쁜 것이다. 하나님이 우리에게 주시는 기쁨은 풍성하고 영원한 것이다.

사도 바울은 이렇게 말하고 있다. "우리가 먹을 것과 입을 것이 있은즉 족한 줄로 알 것이니라"(딤전 6:8)

부유함과 자유경제체계인 우리 사회에서는 우리가 원하는 모든 것을 얻기 위하여 일할 수 있다. 만약 물질적인 세계가 우리를 이끈다면 우리는 열심히 일해서 모든 종류의 장난감과 사치품을 축적할 수 있다. 그러나 억압적인 통치와 풍성치 않은 사회에서는 물건을 획득한다는 것은 선택이 될 수 없다. 그런 상황에 처한 크리스천들은 자유롭게 기도한다. 왜냐하면 그들이 하나님을 사랑하기 때문이다. 즉, 그들은 기도를 하늘에 산타클로스 할아버지가 선물로 주는 목록으로 보지 않는다.

기도는 분명히 우리를 위하여 개인적으로 성취된다. 그러나 우리가 얻는 성취가 무엇이냐에 달려있다. 만약 우리가 새 자동차, 새집, 새 물건, 기타 다른 새로운 것을 기대한다면 우리는 그런 종류의 성취를 얻지 못할 수도 있다. 그러나 우리가 기쁨과 만족을 기대한다면 우리는 그것을 얻을 수 있다.

부모로써 기도하기

기도생활에 헌신하는 사람들에게 주어지는 또 다른 성취는 가족 구성원에 관한 것이다. 아내와 나는 수년 동안 대단히 적은 봉급으로 다섯 자녀를 키워왔다. 우리는 돈이 없었기에 우리 머리 위에 있는 지붕 이외의 다른 것, 즉 좋은 건강이나 우리가 어디를 갈 때 우리를 태워다 주는 자동차들에 대해선 전혀 초점을 두지 않았다. 우리는 저축하는 통장도 없었고 어떤 투자금도 없었다. 우리가 가진 것은 서로에 대한 깊은 사랑과 하늘로부터 주신 다섯 명의 축복된 자녀를 가졌을 뿐이다.

시편 기자는 이렇게 분명히 밝히고 있다. "자식은 여호와의 주신 기업이요 태의 열매는 그의 상급이로다 … 이것이 그 전통의 가득한 자는 복되도다"(시 127:3, 5)

나는 젊은 아빠로서 이 성경구절에서 배울 수 있었던 것은 우리 자녀는 하나님의 것이요, 우리는 그들의 관리인이라는 것이다. 우리는 부모로써 아이들이 육체적으로 영적으로 성장하고 발전하는 것을 보는 기회를 얻은 것이다. (비록 시편 기자가 말한 것은 애들을 분투하며 키울 때 두렵고 떨림을 의미하는 때도 있지만!)

나는 나의 자녀들에게 매일 저녁 잠들 때 각자에게 손을 얹어 기도를 해 주었다. 저녁에 나와 같이 시내에 있을 때는 나는 그들 옆에서 기도를 해 주었다. 내가 저녁 늦게 집에 올 때는 그들 방에 조용히 들어가 머리에 손을 얹고 그들을 위해 축복기도를 해 주었다. 그들이 십대 청소년 일 때도 여전히 함께 기도했다.

내가 그들을 위해 기도할 때 하나님께서 그들의 삶 속에 이루어

달라고 구하는 특별한 것이 있었다. 그중에 하나는 "하나님, 내 아들과 딸을 축복하소서!" 이것은 특별하게 보이지 않을지도 모른다. 마치 늘 평범하게 식탁에서 하는 "하나님, 이 음식에 축복하소서!"와 같게 느껴질 것이다. 그러나 나는 하나님의 축복, 하나님의 자비하심과 인자하심을 우리 자녀에게 부어주기를 구한 것이다. 그리고 하나님의 축복이 우리 자녀에게 쏟아져서 그들이 성장하여 집을 떠났을 때 그 축복이 그들에게 계속 이루어지도록 소망한 것이다.

나는 항상 그들이 하나님을 섬기기를 원한다. 그래서 나는 그들을 위해서 기도하는 제목이 "하나님, 이들이 성장해서 하나님을 섬길 수 있도록 준비하게 하소서"이다.

또 다른 기도는 아내에게서 배운 것인데, 하나님이 그들 미래의 배우자를 준비해달라는 기도였다. 하나님께서 그들에게 은혜를 베푸셔서 하나님을 사랑하는 사람과 결혼할 수 있도록 기도하는 것이다. 나는 미래를 멀리 바라볼 때 하나님께서 그들의 자녀까지 축복하기를 기도한다. 즉, 나의 손자와 손녀를 위해서 하나님께 구하는 기도는 악의 유혹으로부터 지켜달라는 것이다.

수년 동안 아이들은 샤워를 한 후에 숙제를 하고 침대에 들어간다. 아내와 나는 각 침실로부터 음악을 듣는다. 아이들이 부르는 노래는 "엄마, 아빠, 와서 나를 위해 기도해 주세요"이다. 이것은 그들이 집을 떠나 자신의 가족을 부양 할 때도 계속 될 것이다.

할아버지로써 기도하기

나는 더 이상 "아빠"가 아니다. 이제 나는 "보파(Boppa)"이다. 그 말은 우리 아이들이 아내의 아버지, 즉 외할아버지를 부르는 호칭이었다. 외할아버지가 세상을 떠나고 나의 자녀들이 손자를 낳은 이후에는 내가 그 호칭을 물려받게 되었다. 이제 나에게는 13명의 예쁜 손자들이 있다. 나는 기도의 유산이 나의 할머니 엘라(Ella)를 통하여 나의 어머니에게로, 그리고 나와 내 자녀를 통하여 손자들에게로 흘러가고 있음을 볼 수 있다.

나는 고등학교 때 이미 한 여자아이의 아버지였다. 비록 나는 그 딸아이를 본 적이 없었다. 왜냐하면 낳자마자 병원에서 금방 입양을 시켰기 때문이다. 그러다가 수년 전에 우리는 서로 만날 수 있었다. 그의 이름은 Joy(기쁨)였다. 실로 그는 기쁨덩어리이다. 그 아이를 입양한 부모들은 지금은 은퇴했지만 수년 동안 목회를 한 분들이다. 조이는 4명의 예쁜 딸들의 엄마이다. 우리가 서로 만났을 때, 우리는 그 자리에서 아내와 나 사이에서 낳은 자녀들이 손자를 낳기 전에 할아버지와 할머니가 되어 버렸다.

조이의 딸인 위트니(Whitney)는 지금은 15살이지만, 3살 때 나는 그와 처음 만났다. 그의 가족들과 만나 우리는 저녁까지 이야기했다. 위트니와 그의 언니인 타라(Tara)가 잠자리로 갈 때 나는 조이에게 내가 그들을 위해 기도해 주어도 되느냐고 물었다. 조이는 크리스천이었고 그의 어린 딸들은 주일학교에 다니고 있었기에 괜찮다고 말했다. 그래서 나는 두 아이들의 침대 곁에 무릎을 꿇었다. 침대 서랍장 위에 놓여있는 카세트 플레이어에서는 자장가로 조용한 음악이 흘러나오고 있었다.

"애들아, 너의 할아버지로써 너희들이 잠들기 전에 내 자녀들에게 하는 것처럼 너희를 위해서 기도하기를 원한단다."

나는 위트니의 이마에 손을 얹고 기도를 했다. 위트니는 나를 바라보면서 3살짜리의 음성으로 이렇게 말했다. "지금 뭐하시는 거예요?"

"응, 너에게 축복기도 하려고."

그러자 위트니는 "집에 가서 혼자 축복하세요"라고 말했다.

두 자매는 지금 17살과 15살이 되어 학교도 잘 다니고 있고 둘 다 수영 팀과 수구 폴로 팀에 가입되어 있다. 이 두 명의 어린 자녀들과 더불어 그들 모두는 예수님을 알고 예수님을 사랑한다.

기도의 유산 남기기

기도는 은행의 예금통장과도 같다. 당신이 예금을 계속한다면, 당신은 나중에 더 큰돈을 받게 되듯이 당신이 지금 당신의 가족을 위해 기도한다면, 수년이 지나 당신은 어마어마한 하늘의 유산을 받으리라 확신한다. 나는 나에게 기도를 가르쳐 주는 아버지가 없었다. 나의 아버지는 죽을 때까지 알코올 중독자였다. 나는 하늘에 계신 아버지에게 기도하는 법을 배웠다. 그분은 나에게 기도는 개인적으로 성과를 거둔다는 사실을 확신시켜 주셨다. 기도의 개인적 성취는 나의 삶 속에, 나의 아름다운 아내의 삶 속에, 나의 예쁜 자녀들의 삶 속에 계속되었다. 기도의 유산은 하나님을 찾는 자들에게 계속될 것이다.

구약성경은 우리에게 욥에 대하여 "그는 순전하고 정직하여 하나님을 경외하며 악에서 떠난 자였다"(욥 1:2)라고 말해주고 있다. 그에게는 7명의 아들과 3명의 딸이 있었고 대단히 부자였다. 또한 7

천 마리의 양과 3천 마리의 약대, 5천 마리의 소, 5백 마리의 당나귀와 수많은 하인들이 있었다. 실로 욥이야 말로 동방의 모든 사람 중에 가장 위대한 자였다. 다음은 내가 정말 좋아하는 말씀이다.

> "그 아들들이 자기 생일이면 각각 자기의 집에서 잔치를 베풀고 그 누이 셋도 청하여 함께 먹고 마심으로 그 잔칫날이 지나면 욥이 그들을 불러다가 성결케 하되 아침에 일어나서 그들의 명수대로 번제를 드렸으니 이는 욥이 말하기를 혹시 내 아들들이 죄를 범하여 마음으로 하나님을 배반하였을까 함이라 욥의 행사가 항상 이러하였더라"(욥 1:4~5)

나는 이 짧은 구절의 말씀이 너무 좋다. 이 말씀은 역사상 가장 위대한 사람 중의 한 사람에 관한 이야기이며, 그는 자신의 자녀를 위하여 하나님께 기도했다. 그는 자녀들이 순결한 마음을 갖기를 바라고 그들 대신 하나님께 정기적인 희생제물을 드렸다.

당신이 가족을 위하여 하나님을 찾으면 기도는 개인적으로 이루어진다고 확신하라. 하나님은 규칙적인 기초 위에 하나님을 찾는 사람을 통해 역사하신다. (12장에서 기도의 유산을 남기는 것에 대하여 자세히 살펴보려고 한다)

몸, 영, 그리고 혼

1세기경 교회에 서신을 보낸 바울은 우리에게 새로운 세계를 열어주는 놀라운 진술을 남겼다. "평강의 하나님이 친히 너희로 온전히 거룩하게 하시고 또 너희 온 영과 혼과 몸이 우리 주 예수 그리스도 강림하실 때에 흠 없게 보전되기를 원하노라"(살전 5:23) 바울은 우리가 삼차원적 존재임을 상기시켜주고 있다. 하나님은 삼차원적이시다. 다시 말하면 삼위일체로 존재하는 분이시다. 하나님은 아버지와 아들과 성령님이시다. 다음의 예수님이 세례 받는 말씀은 성삼위일체의 개념을 분명히 깨닫는데 도움을 준다.

> "예수께서 세례를 받으시고 곧 물에서 올라 오실째 하늘이 열리고 하나님의 성령이 비둘기같이 내려 자기 위에 임하심을 보시더니 하늘로서 소리가 있어 말씀하시되 이는 내 사랑하는 아들이요 내 기뻐하는 자라 하시니라"(마 3:16~17)

여기에서 우리는 요단강에서 세례 받고 올라오시는 아들 하나님과 비둘기 같이 내려오시는 성령 하나님, 하늘로부터 말씀하시는 아버지 하나님을 볼 수 있다. 얼마나 놀라운 광경인가? 세 분의 하나님이 하나로 모여졌다.

사도 바울이 말한 것처럼 당신과 나는 육과 영과 혼을 가졌다는 점에서 삼위일체이다. 사도 요한은 우리의 다차원적인 속성에 대하여 이렇게 말해주고 있다. "사랑하는 자여 네 영혼이 잘 됨같이 네가 범사에 잘되고 강건하기를 내가 간구하노라"(요삼 1:2, NKJV 참조) 요한이 우리에게 상기시켜주는 것은 우리가 강건해야 할 육체와 영혼이 있다는 것이다. 그러므로 어떻게 기도가 개인적으로 이루어지는지를 생각할 때 그것은 우리가 존재하는데 있어 세 가지 차원에서 성취되는 것을 의미한다. 육체적으로, 정신적으로, 그리고 영적으로.

예수님의 사역

마태복음에서는 예수님의 사역에 대하여 우리에게 말해주고 있다.

"예수께서 온 갈릴리에 두루 다니사 저희 회당에서 가르치시며 천국 복음을 전파하시며 백성 중에 모든 병과 모든 약한 것을 고치시니 그의 소문이 온 수리아에 퍼진지라 사람들이 모든 앓는 자 곧 각색 병과 고통에 걸린 자, 귀신 들린 자, 간질 하는 자, 중풍병자들을 데려오니 저희를 고치시더라"(마 4:23~24)

여기에서 볼 수 있듯이 예수님은 몸과 영과 혼에 역사하셨다. 사람을 사로잡는 귀신을 물리치시고, 각종 병을 치료하셨고, 정신병을 치료하셨다. 이것은 온 인류를 향한 커다란 축복인 것이다. 복음과 치료가 '교인'들만을 위한 것이 아니라는 것을 명심하라. 예수님은 모든 사람을 위해서 오셨다. 그리고 모든 사람에게 사랑과 치료를 베풀어 주셨다. 예수님은 다음과 같이 말씀하셨다.

"수고하고 무거운 짐진 자들아 다 내게로 오라 내가 너희를 쉬게 하리라 나는 마음이 온유하고 겸손하니 나의 멍에를 메고 내게 배우라 그러면 너희 마음이 쉼을 얻으리니 이는 내 멍에는 쉽고 내 짐은 가벼움이라 하시니라"(마 11:28~30)

이 세상은 피곤하고 피로하다. 세상 사람들은 많은 짐으로 짓 눌려 있다. 예수님은 세상 모든 사람에게 안식을 주신다고 약속하며 팔을 벌리고 서 계신다. 당신은 기도를 통하여 이 안식을 얻을 수 있다. 하나님은 당신의 기도를 들으시고 당신에게 필요한 안식을 주신다. 그것이 위대한 보상인 것이다.

영혼에 좋다

인간의 영혼은 하나님의 가장 놀라운 창조 중의 하나이다. 히브리어로 "영혼"이란 단어는 "nephesh"인데 그리스어로는 "psuche" 또는 "psyche"이다. 신구약 성경 모두에서 "영혼"이란 단어는 감정의 장소로서 "나는 누구인가"라는 정체성을 보여준다. 그러므로 이 말은 개인, 인격, 또는 개인적 삶을 상징한다(바인 : Vine 1996).

시편 기자는 돈으로는 살 수 없는 인간의 영혼에 귀한 것을 우리에게 알려주고 있다. 또한 인간의 영혼은 하나님과 영원히 함께 할 수 있다고 말해주고 있다.

> "자기의 재물을 의지하고 풍부함으로 자긍하는 자는 아무도 결코 그 형제를 구속하지 못하며 저를 위하여 하나님께 속전을 바치지도 못할 것은 저희 생명의 구속이 너무 귀하며 영영히 못할 것임이라 저로 영존하여 썩음을 보지 않게 못하리니"(시 49:6~9, NKJV 참조)

몇 구절 뒤에 이 시편 기자는 이렇게 말하고 있다. "하나님은 나를 영접하시리니 이러므로 내 영혼을 음부의 권세에서 구속하시리로다"(시 49:15, NKJV 참조) 비록 지옥이 내 영혼을 깊은 곳으로 데려가려 하나 하나님은 내 영혼을 구속하는 능력을 가지고 계신다. 나는 하나님을 경외한다. 왜냐하면 나를 향한 하나님의 용서하심과 놀라운 은혜 때문이다. 나는 수년 동안 내 영혼을 더럽게 하는 세상과 육체와 마귀, 하나님의 사랑을 멀리하게 하는 것 등에 어울려 있었다. 그러나 하나님은 내 영혼이 결국 갈 수밖에 없는 죽음의 그늘에서 나를 구원하셨다. 놀라운 감사, 놀라운 사랑이 아닐 수 없다.

인간의 영혼은 영적인 공격을 받게 되어 있다. 영혼이 하나님과 함께 함에서 벗어날 때 영혼은 고통에 빠지게 된다. 시편 기자는 다음과 같이 말하고 있다.

"주의 손이 주야로 나를 누르시오니 내 진액이 화하여 여름 가물에 마름같이 되었나이다"(시 32:4)

오늘날과 같이 빠르게 변하는 사회에서는 스트레스와 불안이 엄청나게 쌓인다. 미국에서는 우리의 뇌가 평안하게 느끼게 해주는 물질인 세로토닌(serotonin)을 보충하는 항울제나 항불안제를 구입하는데 수십억 달러가 지출되고 있다. 그러나 성경을 살펴보면 우리가 하나님을 찾을 때 하나님께서 우리의 지친 영혼을 치료해주신다고 하셨다.

"내 영혼아 네가 어찌하여 낙망하며 어찌하여 내 속에서 불안하여 하는고 너는 하나님을 바라라"(시 42:11)

내가 만약 당신의 의사라면, 그래서 당신이 스트레스와 불안을 어떻게 처리해야하는 지를 물으려고 나에게 온다면, 나는 당신에게 평화를 찾으려면 더 기도하고 더 말씀을 읽으라는 처방전을 써줄 것이다.

결론적으로 시편 기자는 하나님께 이렇게 외치고 있다. "나의 영혼이 눌림을 인하여 녹사오니 주의 말씀대로 나를 세우소서"(시 119:28) 우리가 하나님의 말씀과 균형을 이루어 기도하므로 개인적인 성취를 얻는 것은 얼마나 단순한가! 우리의 영혼은 TV의 폭력과 소란으로 가득 찰 수도 있으며 반면 하나님의 사랑과 은혜로 가득 찰 수도 있다. 우리는 우리 영혼의 스트레스를 어떻게 조절할지를 선택할 수 있다.

많은 경우 자신의 영혼에 비추는 빛이 없기에 인생의 길을 잃는다. 하나님은 당신의 영혼에 빛으로 채우시고 그 빛으로 고통에 젖은 영혼을 긍정적인 생각으로 비추어 줄 것이다. 당신이 기도와 사랑에 빠질 때 하나님의 성령이 당신의 영혼이 필요로 하고 갈망하는 안식과 평화를 넘치게 부어줄 것이다. 인생의 세파가 당신을 가치 없고 쓸모없는 인생이라 괴롭히도록 허용하지 말라. 그것은 마귀의 삶이다. 예수님은 우리 각자에게 이러한 확신을 다시 한 번 주신다.

> "참새 두 마리가 한 앗사리온에 팔리는 것이 아니냐 그러나 너희 아버지께서 허락지 아니하시면 그 하나라도 땅에 떨어지지 아니하리라 너희에게는 머리털까지 다 세신 바 되었나니 두려워하지 말라 너희는 많은 참새보다 귀하니라"(마 10:29~31)

하나님은 참새 한 마리도 주목하신다. 그렇다면 우리는 얼마나 더 주목하시겠는가? 이 사실을 절대 잊지 말라.

영에 좋다

우리의 영은 다른 부분과는 다르게 하나님의 영과 의사소통을 할 수가 있다. 우리가 기도할 때 우리의 영은 하나님의 뜻과 반응 할 수가 있다. 그리하여 우리는 영적으로 성장할 수가 있다. 기도는 우리의 영이 알래스카 숲 속의 아름다운 전나무들 위로 독수리가 날개 치며 높이 치솟듯이 해 준다. 사도 바울은 초기 크리스천 공동체의 영혼과 영적인 사람에 관한 많은 이야기를 해주고 있다. 그에 말에 의하면 우리는 종종 마음속에 또는 어떤 상황의 반응에 질질 끌려 다니는 것을 느낀다. 그래서 우리가 무엇을 느끼는지 분별하지 못한다. 우리의 영은 우리 안에서 종종 투쟁을 한다. 우리는 기도와 더불어서 자신의 분별력을 갈고 닦고 영적인 기술을 날카롭게 가다듬을 수 있다.

"오직 하나님이 성령으로 이것을 우리에게 보이셨으니 성령은 모든 것 하나님의 깊은 것이라도 통달하시느니라 사람의 사정을 사람의 속에 있는 영 외에는 누가 알리요 이와 같이 하나님의 사정도 하나님의 영 외에는 아무도 알지 못하느니라 우리가 세상의 영을 받지 아니하고 오직 하나님께로 온 영을 받았으니 이는 우리로 하여금 하나님께서 우리에게 은혜로 주신 것들을 알게 하려 하심이니라 우리가 이것을 말하거니와 사람의 지혜의 가르친 말로 아니하고 오직 성령의 가르치신 것으로 하니 신령한 일은 신령한 것으로 분별

하느니라"(고전 2:10~13)

당신은 기도와 사랑에 빠지는 것이 얼마나 중요한가를 알고 있는가? 우리 안에, 우리 주변에, 그리고 우리를 통해서 사용되는 언어는 두 가지이다. 이 두 가지 언어는 늘 줄다리기를 한다. 하나는 세상의 언어로써 우리의 영을 혼돈시키고, 다른 하나는 영적인 언어로써 우리의 영혼을 해방시키고 우리의 몸을 절제하게 한다.

야고보는 우리에게 우리의 영은 우리를 지속시켜 주는 것이라고 상기시킨다. 이와 반대로 텔레비전 광고와 신문과 잡지 광고는 인생이 우리의 육체를 위한 것으로 생각하게 한다. 우리에게 제공되는 모든 것은 우리의 눈을 어떻게 하면 즐겁게 하며, 어떻게 하면 다른 사람에게 잘 보이며, 어떻게 하면 우리의 운명을 잘 만드느냐 하는 데 있다. 그러나 사실상 우리 몸에 거하고 지도하는 영이 없다면 우리는 '껍데기'일 뿐이다.

그것이 사실이라면 우리의 영혼을 진흙탕 속에 채우고 영을 강화시키는 데는 아무 일도 하지 않으면서 육체의 욕망을 한껏 채우고 보호하는 일에는 왜 그렇게 많은 시간을 소비하는지…? 야고보는 간결하게 말하고 있다. "영혼 없는 몸이 죽은 것 같이 행함이 없는 믿음은 죽은 것이니라"(약 2:26, NKJV 참조)

기도에 투자하라

우리가 실제적인 방식으로 기도를 살펴본다면 그것을 사업세계로 비교할 수 있다. 만약 우리가 주식시장이나 사업이나 은행에 돈을 투자한다면 우리는 배당금을 기대한다. 우리의 돈을 나중에 되받을 것을 원한다. 마찬가지 방식으로 우리가 기도를 투자로 본다면 우리는 영원한 보답을 얻을 수 있는 배당금을 예측할 수 있다. 이 원리를 예수님은 비유를 들어서 설명하셨다.

> "가라사대 어떤 귀인이 왕위를 받아 가지고 오려고 먼 나라로 갈 때에 그 종 열을 불러 은 열 므나를 주며 이르되 내가 돌아오기까지 장사하라 하니라"(눅 19:12~13, KJV 참조)

이 "장사하라"는 단어는 사업 같은 방식으로 사업을 하라는 것이며 또는 일을 하라는 의미이다. 우리가 우리의 세계, 우리의 이웃들, 우리의 학교들, 우리의 사업들, 우리의 가정들, 그리고 우리의 삶을 장사한다면 우리는 사업 같은 방식으로 해야 할 필요가 있다. 우리가 사업에서 바라는 것이 무엇이겠는가? 그것은 투자금을 통한 이윤 추구이며 매년 말 이익금이 나기를 원한다.

마찬가지로 우리는 이익을 남기는 삶을 살 필요가 있다. 우리는 우리에게 주어진 시대 속에서 기도로 현명하게 투자할 필요가 있다. 그러면 결국 우리의 모든 삶이 끝나고 하늘에서 결산할 때 이런 질문을 받게 될 것이다. "너의 기도로 인하여 너는 성과금이나 배당금을 받았느냐?"

기도의 축복

내가 하나님께 마음을 사로잡혔을 때 아내와 나는 이혼했다. 우리는 함께 라스베가스에 가서 이혼서류를 작성할 시간조차 없었다. 그러나 나는 기도의 깊은 교훈에 빠져서 이 모든 것을 해결해 주시리라고 믿었다. 나는 매주 토요일 저녁 남자 기도 모임에 참석했다. 약 300여명의 다른 남자들과 더불어 본당에 앉아서 저녁 7시부터 9시까지 기도했다.

토요일 저녁의 파티를 좋아하는 나 같은 사람이 이렇게 할 수 있는 것은 하늘의 천사가 마음을 감동시켰음에 틀림없다. 오로지 하나님과의 기도가 짜릿하고 가치 있게 만들도록 나의 마음과 생각을 잡아 주신 것이다.

나는 한 달 동안 매주 아내와 두 아들을 위해서 기도했다. 나의 기도는 직설적이고 솔직했다. "하나님! 그들의 영혼을 구원하소서." 6주도 채 되지 않아서 하나님은 아내의 마음을 녹이셨고 그가 하나님께 항복하도록 하셨다는 사실을 깨닫게 되었다. 그래서 3여년 동안 이혼한 후 다시 10개월 만에 재혼할 수 있을 것이라고는 전혀 생각하지 못했다. 이것이 기도생활에서 나타나는 보상이 아니겠는가? 이제 아내와 나는 자녀들과 손자들과 더불어 하나님께 "그렇습니다"라고 힘차게 대답한다.

명심하라! 기도는 세상적인 일이 아니다. 기도는 하늘로부터의 축복이다. 이 진리를 마음속에 깊이 간직하라. 당신의 기도는 너무 귀중해서 천사가 하늘로부터 급파되어 응답할 것이다. 천사들은 기도를 아름다운 황금색 그릇에 담아서 달콤한 향기 나는 향단에 하나님이 흠양할 수 있게 전능하신 하나님의 보좌위로 올려갈 것이다(계 8:1~4). 당신이 기도할 때 당신의 하늘 아버지는 그것을 사랑하신다.

11

기도의 영원한 가치

기도에는 영원한 가치가 있다.
하나님은 시간의 한계와 시간의 제한이 없는 곳인
영원한 영역에 계시기 때문이다.

"나는 다른 장소에는
절대 갈 수 없는
압도적인 확신에 사로잡혀
여러 번 내 무릎으로 이끌려갔다."

아브라함 링컨(Abraham Lincoln)

◆◇◆◇◆

우리는 "지금 여기서"라는 관점에서만 기도를 생각하는 유혹을 받는다. 그래서 우리는 지금 하나님께서 병든 자녀를 치료해 주시기를 원하고, 우리에게 지금 하나님께서 직업을 주시기를 원하며, 지금 하나님께서 우리의 깨어진 관계를 회복시켜 주시기를 원한다. 사실 하나님은 우리가 있는 곳에서 만나주시며, 우리의 매일 필요와 열망에 관심을 가져주신다. 그러나 기도는 지구상에 있는 우리 매일의 삶을 넘어서 영원까지 확장되는 것이다. 그러므로 진정한 의미에서 우리의 기도는 도저히 상상할 수 없는 가치와 의미를 갖는다. 우리의 기도가 어떻게 영혼에 영향을 끼칠까? 우리가 어떻게 다른 사람들에게 영원한 영향을 줄 수 있을까?

위대한 작가이자 기독교 지도자인 도로시 세이어스(Dorothy Sayers)는 이렇게 말했다. "시간의 바깥에 있는 영원성 때문에 시간 안에 있는 모든 것이 가치 있고 중요하고 의미 있는 것이다. 그러므로 우리가 여기 있는 모든 것이 영원히 있는 것과 분명히 관계되어 있음을 기독교는 중요하게 여기는 것이다. '영생'은 이러한 생명의 가치를 위한 유일한 신성함이다."(1998)

우리가 앞장에서 살펴본 것처럼 모범으로서의 예수님을 살펴보자. 이번 장에서는 요한복음 17장의 예수님의 기도에 관한 내용을 살펴보자. 여기에서는 예수님이 세상을 떠나시면서 제자들을 준비시키시는 내용을 볼 수 있다.

자신에 관하여 언급하시면서 예수님은 하나님께 이렇게 말씀하신다. "아버지께서 아들에게 주신 모든 자에게 영생을 주게 하시려고 만민을 다스리는 권세를 아들에게 주셨음이로소이다"(요 17:2) 사람들은 단지 질그릇에 불과하다(고후 4:7을 보라). 당신과 나는 같은 재료인 흙으로 만들어졌다. 그러나 예수님은 하나님으로부터 권세를 받아 이 땅에 오셨고, 우리에게 영생을 주셨다. 이것이 예수님의 사명이며 그 사명을 완수하는 것이 하나님을 영광스럽게 한다는 사실을 알고 계셨다.

당신의 사명은 무엇인가? 당신은 특별한 방향으로 나아가고 있는가? 당신은 마음속에 하나님으로부터의 소명 받은 목적을 느끼고 있는가? 예수님의 사명은 우리가 이해할 수 없는 영원과 연결되어 있다. 예수님은 자신에게 주어진 사람들에게 영생을 주므로 아버지를 영광스럽게 하는 것이라고 말씀하셨다. 이 말씀은 우리에게 강한 메시지를 전하고 있다. 그것은 우리가 사는 동안 어떤 사명일지라도 그 사명은 영원에 관점을 두어야 한다는 것이다. 왜냐하면 사명은 이 세상을 넘어 다가올 세상까지 확장되기 때문이다.

우리는 예수님의 말씀을 보면서 기도에는 영원한 가치가 있음을 깨닫는다. 기도는 전화상의 대화처럼 처음과 끝이 있는 것이 아니라 지속적이며 계속되는 것이다. 이것을 요한계시록에서는 성도의 기도는 향기와 같아서 위로 올라가 천사들이 금색 그릇에 담아서 하나님의 보좌로 가지고 올라간다고 말씀하고 있다. 천사들이 우리의 기도를 하나님께 전달하고 하나님은 자신에게 드려진 모든 기도를 흠향하신다는 것이다(계 8:3~4). 그러므로 기도에는 영원한 가치가 있다. 하나님은 시간의 한계와 시간의 제한이 없는 곳인 영원한 영역에 계시기 때문이다.

이것은 환상적이다. 생각해 보라. 당신과 나는 특정한 시간의 영역 안에 살고 있다. 그리고 우리는 분, 초, 시간이라는 우리가 살고 있는 순간을 묘사하는 단어들을 사용하고 있다. 우리의 언어는 과거, 현재, 미래라는 시간에 매여 있다. 그것이 우리가 기도하는 영역이다. 그러나 우리의 기도는 어쨌든 이 영역을 벗어나서 영적인 영역으로, 과거의 영원성에서 미래의 영원성으로 확장되어간다. 그래서 두 영역에 계신 창조자가 들으시고 시간의 초월적인 영역에서 응답하시고 우리가 살고 있는 시간과 지역 안으로 회신해 주신다.

우리는 때때로 우주탐험 때문에 놀라곤 한다. NASA는 탐사용 로켓과 인공위성을 보내어 수 광년 떨어진 곳에 메시지를 보낸다. 그러나 우리를 더 놀라게 하는 것은 당신과 내가 전 지구를 내려다보시는 창조주와 직접적으로 의사소통을 할 수 있다는 것이다. 구약성경의 선지자인 느헤미야는 하나님을 이렇게 묘사하고 있다. "오직 주는 여호와시라 하늘과 하늘들의 하늘과 일월성신과 땅과 땅의 만물과 바다와 그 가운데 모든 것을 지으시고 다 보존하시오니 모든 천군이 주께 경배하나이다"(느 9:6) 모세는 하나님의 백성에게 이르기를 하나님은 "너를 도우시려고 하늘을 타신다"(신 33:26)라고 하였다. 놀랍지 않는가?

'지금 여기서'를 넘어서 보라!

사람들은 영생의 개념을 이해하는데 어려움을 갖는다. 왜냐하면 우리 문화의 모든 것이 순간적인 것, 손으로 만질 수 있는 것, 즉각적인 것만 강조하기 때문이다. 우리는 우리 앞에 옳은 것만 얻고자 노력한다. 우리가 볼 수 있고, 냄새 맡을 수 있고, 만질 수 있고, 들을 수 있다면 그때서야 우리는 그것이 사실이라고 믿는다. 그러나 우리가 미래를 보아야한다면, 그 어떤 것이 먼 거리에 떨어져 있다면 그것은 우리에게 추상적이고 애매모호한 것이 된다.

우리는 광야의 이스라엘 백성과 같다. 그들은 약속된 땅이라고 불려진 그 장소에 대해서 계속 이야기를 들었다. 그리고 그들은 자신들이 파지 않아도 되는 우물, 심지 않아도 되는 과수원, 짓지 않아도 되는 집을 갖게 될 것이라는 이야기를 들었다. 그 땅은 "젖과 꿀이 흐르는 땅"이 될 것이다. 놀랍지 않는가? 그러나 그들은 현재의 문제와 불편함에 신경을 썼다. 그들의 발바닥의 물집, 그들의 신발 밑의 조약돌, 그리고 내려 쬐는 뜨거운 햇볕 등을 걱정하고 있었다.

그들은 계속 불평불만을 하면서 자신을 걱정하고, 자신들이 먹는 음식에 대해서 짜증내며, 마실 것과 입을 것을 걱정했다. 하나님이 그들에게 "너희 몸의 옷이 낡지 아니하였고 너의 발의 신이 해어지지 아니하지 않았느냐"(신 29:5)라고 꾸짖음에도 불구하고. 이제 이것을 생각해 보라. 그들은 40년 동안 해어지지 않는 신발을 받았다는 것이다. 그것도 한 켤레로. 하나님은 그것을 그의 자녀들을 위해 준비하셨다. 그러나 우리는 항상 우리 육신의 몸을 더욱 충족시키려고만 한다.

하나님은 그들에게 또한 이렇게 말씀하셨다. "내가 너희에게 만나를 주지 않았느냐? 그러나 너희는 하늘의 음식을 원치 않는구나" (신 8:3, 16) 그들은 하나님이 주신 음식에 대하여 계속 불평하였다. 하나님은 다시 말씀하셨다. "너희들이 고기를 원하느냐? 그래 내가 너희들에게 고기를 주마." 그 다음날 그들이 아침에 일어나 보니 장막에 날아다니는 엄청난 무리의 메추라기를 보았다. 그들은 메추라기를 이용하여 메추라기 스튜요리, 메추라기 샌드위치, 메추라기 버거, 네모 모양의 메추라기, 얇게 썬 메추라기, 기름에 살짝 튀긴 메추라기 등을 먹었다. 그들은 메추라기 고기가 너무 많아서 코에서 넘쳐 싫어할 지경이 되었다고 성경은 독특하게 밝히고 있다 (민 11:20).

우리도 이러한 똑같은 태도를 가지고 있지는 않는가? 우리는 지금 당장 욕구에 – 매일 생활에 필요한 것이지만 – 너무 초점을 맞춘다. 그리하여 우리가 향해 가야 할 약속의 땅을 잊어버린다. 매일의 필요를 위하여 기도하라. 왜냐하면 그것도 하나님께는 중요하기 때문이다. 그러나 영원을 향하는 눈으로 기도하라.

정의된 영생

하늘에 계신 아버지께 드리는 제사장적인 기도에서 예수님은 우리에게 영생을 주시기 위하여 하나님께 권세를 받으셨다고 말씀하셨다. 그러나 정확히 그게 무슨 의미일까? 예수님은 기도 하시면서 "영생은 곧 유일하신 참 하나님과 그의 보내신 자 예수 그리스도를 아는 것이니이다"(요 17:3)라고 영생에 대하여 정의해주셨다. 그것은 참으로 직설적이다. 그러므로 영생은 우리로 하여금 하나님을 알도록 하기 위하여 주어진 것이다.

그리스어로 "알다"라고 번역된 단어는 "경험을 통하여 이해한다"라는 의미이다. 당신이 하나님께 당신의 마음을 드리고 경험을 통하여 하나님을 알게 되었을 때 당신은 영생의 확신도 갖게 된다. 그러므로 하나님을 아는 것, 하나님을 진정으로 아는 것, 하나님을 개인적으로 경험적으로 안다는 것은 하나님이 인생을 통제하시고 하나님이 우리 가운데 사신다는 것을 의미한다. 이것은 이론적인 방식으로 하나님에 관하여 찬양하거나, 하나님에 관해서 말하는 것이 아니다. 당신이 하나님을 안다는 것은 당신의 삶을 위한 하나님의 목적을 알려고 찾는 것이며, 영원에 영향을 주기 위하여 당신을 통하여 어떻게 하나님이 일하기 원하는지를 알려고 추구하는 것이다.

성취된 사명

예수님은 아버지께 이렇게 기도하셨다. "아버지께서 내게 하라고 주신 일을 내가 이루어 아버지를 이 세상에서 영화롭게 하였사오니 아버지여 창세 전에 내가 아버지와 함께 가졌던 영화로써 지금도 아버지와 함께 나를 영화롭게 하소서"(요 17:4~5)

만약 당신이 지금 당장 죽어서 천국에 간다면 하나님께 정직하게 이렇게 말할 수 있겠는가? "저는 제 사명을 완수했고요. 나는 내 하나님 아버지를 영화롭게 했고요. 하나님이 나에게 주신 목적을 완성했습니다."

나는 빌리 그래함(Billy Graham) 목사님이 데이빗 프로스트(David Frost)와 몇 년 전에 인터뷰한 내용을 결코 잊을 수 없다. 프로스트가 말했다. "빌리 그래함 목사님! 목사님은 너무 칭송이 자자하여서, 존경받고 사랑 받아서 사람들은 항상 목사님을 좋게 이야기합니다. 목사님은 전 세계의 대중 매체와도 좋은 관계를 맺고 있습니다. 그래서 목사님에 관해서 부정적으로 말하는 것을 들을 수가 없습니다. 목사님은 이 모든 칭송을 어떻게 여기시나요?"

빌리 그래함 목사님은 이렇게 말했다. "데이빗, 저는 칭찬에 신경을 쓰지 않습니다. 제가 듣고 싶은 것이 딱 한 가지 있습니다. 그것은 예수님께 '잘했다, 착하고 충성된 종아!' 라는 말입니다. 내가 그 말을 들을 수 있을지 확신할 수는 없지만 제가 듣고 싶은 것은 바로 그 말입니다." 빌리 그래함 목사님조차도 그 말을 들을지 확신할 수 없다면 도대체 누가 그 말을 들을 수 있겠는가? 나는 빌리 그래함 목사님과 설교 연단에 같이 선 적이 있었다. 그때 빌리 그래함 목사님은 파킨슨병으로 인해 떨면서 의자에 앉아 있었다. 손도 떨리고 있었고, 성경책도 떨리고 있었다. 그 자리에 있었던 윌슨(T. W. Wilson)과 쉐아(George Beverly Shea) 또는 그의 아들인 네드(Ned)나 프랭클린(Franklin)이 가까이 다가가서 "제가 도와 드릴게요"라고 말했다. 빌리 그래함 목사님은 부축을 받고 일어나 약간 떨면서 연단으로 걸어가셨다. 그리고 연단에 손을 얹자 "펑"하면서 떨림은 사라지고 젊은 사람처럼 메시지를 전하셨다. 그러나 설교가 끝나고 단에서 내려와 자리에 앉으셨을 때 그는 다시 떨고 있었다.

나는 빌리 그래함 목사님이 육체적인 고통 속에 있으면서 그렇게 행하신 것을 볼 때 예수님으로부터 "잘했다, 착하고 충성된 종아!"라는 말을 들을 수 없다라고는 전혀 상상할 수도 없었다.

빌리 그래함 목사님이 행하신 헌신과 위대한 업적을 생각할 때 나는 내 자신의 활동을 평가할 수 없었다. 나는 왜 그렇게 쉽게 산만해질까? 나는 왜 그렇게 영원한 가치도 없는 일에 시간을 투자할까? 예수님은 "나는 아버지를 영화롭게 했노라"고 말씀하셨다. 이것이 가장 공개적이고 정직한 기도이다. 이 기도 안에서 예수님은 아버지가 자신에게 맡기신 일에 대한 보고를 드리고 있는 것이다.

기도는 책임을 포함한다. 우리는 하나님의 뜻에 따라 살아간 후 나중에 하나님 앞에 고백해야 한다. 그러므로 우리는 기도할 때 우리를 만드시고 사명을 주신 하나님께 자신의 책임을 인식해야 한다.

동정적인 기도

예수님은 기도로 하나님 아버지께 계속 말씀하셨다. "세상 중에서 내게 주신 사람들에게 내가 아버지의 이름을 나타내었나이다 저희는 아버지의 것이었는데 내게 주셨으며 저희는 아버지의 말씀을 지키었나이다"(요 17:6) 예수님은 자신의 사명에 대하여 아버지께 보고하였을 때조차도 자신을 따르는 자들에 대하여 사랑스럽게 말씀하셨다.

예수님은 제자들을 위해서도 기도하셨다. 제자들은 바로 옆에서 그 기도를 듣고 있었다. 진정하고, 열렬하고, 마음에서 우러나오는 기도는 사랑, 따뜻함, 열정, 그리고 동정심을 표현한다. 예수님은 그 옆에 서있는 친구들을 위해서도 기도하셨다. 그것은 하나님 아버지가 그들을 위한 목적을 가지고 그 목적을 수행하신 분이라는 사실을 그들에게 알게 한 첫 번째 내용이었을지도 모른다.

당신은 이와 같은 기도시간을 가지고 있는가? 즉, 당신이 친구들이나 가족을 위해 기도한다는 것을 그들이 알고 있는가? 그리고 실제로 당신의 기도를 그들이 들어본 적이 있는가? 당신이 자녀들이 자신들의 미래를 위하여 부모가 기도해주고 있다는 사실을 알고 있는가?

예수님은 이와 같은 것을 기도를 통하여 우리에게 보이셨다. 이것은 중보기도이다. 이것은 동정심과 따뜻한 마음이 가득한 기도인 것이다. 예수님이 눈을 들어 하늘을 보며 이런 기도를 하고 있을 때 그의 제자나 친구들은 곁에서 그의 기도를 들었던 것이다. 우리도 예수 그리스도 곁에서 그분이 우리를 위하여 기도하는 것을 듣는 다면, 우리의 마음이 어찌 압도당하지 않겠는가? 우리의 가장 친한 친구나 우리의 이웃 또는 우리의 사장님을 위하여 기도하는 것을 그들이 옆에서 듣는다면 그들은 어떤 반응을 보이겠는가?

우리가 사랑과 은혜로 그들을 위하여 중보기도 할 때 우리는 그들에게 축복의 사람이 될 수 있다.

격려하는 기도

만약 당신이 예수님께서 기도하신 것을 들었던 그의 제자들 중 한 명이었다고 상상해보라. 예수님은 아버지께 이렇게 말씀하셨다.

"지금 저희는 내게 주신 것이 다 아버지께로서 온 것인 줄 알았나이다 나는 아버지께서 내게 주신 말씀들을 저희에게 주었사오며 저희는 이것을 받고 내가 아버지께로부터 나온 줄을 참으로 아오며 아버지께서 나를 보내신 줄도 믿었사옵나이다"(요 17:7~8)

예수님은 모든 것이 계획된 대로 이루어진 것을 아버지께 보고하고 있었다. 그 보고에서 예수님은 그 제자들에 관하여 이렇게 자랑을 하셨다. "그들은 이해했습니다. 내가 메시아, 살아 계신 하나님의 아들이라는 것을 그들에게 말했고 그들은 그것을 믿었습니다."

비록 이 사실에 대하여 제자들은 명쾌하게 깨닫지는 못했을지라도 하나님이 자신들의 삶을 위한 목적을 가지고 계신다는 사실을 그들이 인식하고서 어떻게 느꼈는가를 상상할 수는 있다. 당신과 나도 마찬가지이다. 우리는 대개 내년에 어떤 일이 일어날지, 우리 결혼관계가 어찌 될지, 세금 낼 때가 될 때 자금 사정은 어떻게 될지 잘 모른다. 우리가 현재의 직업을 왜 가졌는지도 모른다. 이 직업이 하찮고 평범하게 보일 수도 있을 것이다. 그러나 하나님은 계획과 목적을 가지고 계신다. 우리의 책임은 그것을 믿고 그것을 성취하기 위하여 하나님을 신뢰하는 것이다.

우리가 살고 있는 이 땅에서는 인생이라 불리는 70년에서 80년의 기간이 있다. 인생은 신비로움이 될 수 있다. 우리는 인생을 경험하면서 인생을 배운다. 우리는 모든 좋은 일이 갑자기 함께 이루어지기를 기대한다. 언젠가는 복권에 당첨되어서 복권관계 업자가 커다란 수표를 가지고 우리 집 문을 두드리며 "축하합니다! 당첨되셨습니다!"라는 상상을 할 수도 있다. 인생을 다르게 생각 할 수도 있다. 어떤 다른 일이 일어날 것을 기다리면서 우리는 현재의 일을 하고 있다. 그리고 우리는 그 무언가를 기다리다가 인생 자체를 놓칠 수도 있다.

만약 예수님이 당신에 관한 이야기를 하늘 아버지께 이렇게 말씀하신다고 상상해보자. "이것은 정말 대단한 일입니다. 그/그녀가 나에 대해 듣고 내가 하나님의 아들임을 믿었습니다. 내가 그/그녀를 위해서 이 지구상에 성취하기 위한 사명을 가지고 있었습니다. 그러나 중요한 일은 이미 이루어졌습니다. 그/그녀는 나와 함께 영원토록 함께 있을 것입니다."

이 사실이 너무 놀랍지 않은가? 사도 바울은 이 상황을 정확하게 이렇게 표현하였다. "누가 정죄하리요 죽으실 뿐 아니라 다시 살아나신 이는 그리스도 예수시니 그는 하나님 우편에 계신 자요 우리를 위하여 간구하시는 자시니라"(롬 8:34) 이 말이 당신 자신에게 최고의 것으로 느껴지지 않는다면 다른 것은 다 쓸모없는 것과 같을 것이다.

그러나 더한 사실이 있다. 예수님은 아버지께 이렇게 말씀하셨다. "내가 저희를 위하여 비옵나니 내게 주신 자들을 위함이니이다 저희는 아버지의 것이로소이다 내 것은 다 아버지의 것이요 아버지의 것은 내 것이온데 내가 저희로 말미암아 영광을 받았나이다"(요 17:9~10) 다른 번역본은 이 10절 말씀을 이렇게 쓰고 있다. "나는 그들 안에서 영광을 받았나이다"(NKJV 성경)

예수님이 우리 안에서 영광 받을 수 있는가? 하나님의 아들이 당신과 내 안에서 영광 받으셨다는 것이 믿어지는가? 예수님이 우리 안에서 영광을 받으셨다는 것은 강한 진술이다. 그러므로 우리가 기도의 사람이라면 우리는 그 영광을 분출할 수 있다. 왜냐하면 우리가 그분을 더 잘 알수록 하나님과 우리 관계는 더욱 강해지기 때문이다.

아버지의 이름으로 지켜라

내가 아주 어렸을 때 부모님은 이혼하셨기 때문에 나는 아버지를 알 수가 없다. 그러나 내가 하늘의 아버지를 안다는 것, 내가 그의 자녀라는 것을 안다는 것, 하나님이 나를 보호하시고 필요한 것을 주시며, 나를 감싸며, 나와 동행하며, 나와 대화를 나눈다는 것은 대단히 경외스러운 것이다.

예수님이 우리를 위하여 기도할 때 이런 확신을 주셨다. "거룩하신 아버지여 내게 주신 아버지의 이름으로 저희를 보전하사 우리와 같이 저희도 하나가 되게 하옵소서 내가 저희와 함께 있을 때에 아버지의 이름으로 보전하와 지키었나이다"(요 17:11~12) 이것은 아름다운 진술이다. 우리가 그분을 따르는 자로서 또는 제자로서 그리스도께 헌신할 때 우리는 예수 그리스도의 이름의 권세를 공유하는 것이다. 우리의 아버지이신 유일하시고 참되시며 살아 계신 하나님을 선포할 때 우리는 그분의 능력과 권세로 보호받는다.

당신이 직면하는 폭풍이 아무리 클지라도 하나님의 임재하심을 결코 의심하지 말라. 예수님의 제자들은 실제 폭풍이 치던 때, 그들이 항해하는 배에 물이 차고 넘칠 때 예수님을 신뢰하는 법을 배웠다(막 4장을 보라). 그들은 예수님께 다가가 말했다. "선생님이여 우리의 죽게 된 것을 돌아보지 아니하시나이까"(38절) 물론 예수님은 돌아보셨다. 그 제자들이 예수님과 함께 있음으로 알았어야 할 한 가지가 있었다면 그것은 예수님은 돌아보시는 분이라는 것이다.

예수님은 물에 빠지게 된 것을 안 돌아보셨을까? 아니다. 절대 그렇지 않다. 예수님은 이미 그전에 "저편으로 가자"고 말씀하셨다(35절). 예수님은 이미 건너가실 줄을 알고 계셨다. 예수님은 너무 지치셨기 때문에 배 뒤편에서 주무시고 계셨다(38절). 그러나 예수님은 폭풍우가 몰아치는 가운데서도 완전한 평화를 누리셨다.

예수님께서 폭풍우 속에서 우리와 함께 계심을 감사해야 한다. 우리는 이렇게 말해야 한다. "예수님께서 이 일을 어떻게 다루시는 지를 보자. 예수님 어떻게 하실 건가요? 이 폭풍우를 뚫고 나갈 방법이 없지만 이 배에 예수님과 함께 있기에 모험을 즐기겠습니다."

예수님의 기도에서 제자들은 먼 길을 같이 왔음을 알 수 있다. "그들은 아버지가 나를 보내신 것을 믿고 이제 나를 따르고 있습니다"(요 17:8 참고). 그리고 그들을 위한 예수님의 기도 때문에 그들 속에 영적 성장이 일어남을 볼 수 있다. 예수님께서 아버지께 제자들을 위해 하신 말씀을 잠시 생각해보면 얼마나 아름다운가! "나는 아버지의 이름으로 그들을 지켰습니다."

우리가 하나님과 사랑에 빠지기 위해서 성경과 기도와 사랑에 빠지는 것은 얼마나 중요한가! 우리가 하나님의 말씀을 가지고 기도와 연합한다면 이 세상에서는 우리를 내동댕이칠 정도의 폭풍우는 없다. 왜냐하면 예수님이 우리를 돌보시기 때문이다. 우리는 그분의 말씀으로 돌아가 이렇게 말할 수 있다. "그래 맞아! 저편으로 건너가자고 말씀하셨었지. 여기서 떨어져 물에 빠져버리라고 말씀하시지는 않으셨어. 예수님은 우리를 데려가실 거야."

폭풍우가 몰아닥칠 때 우리는 더욱 그분에게 다가간다. 하늘에 태양이 비춰고 아무 문제가 없다면 예수님을 믿어야 하는 절박함이 없다. 그러나 고통이 닥치면 우리는 그분에게 달라붙는다.

인생은 침몰하는 배들과 폭풍우와 의심과 불안으로 가득 차 있다. 그러나 우리가 유일하신 하나님을 아는 것이 영생이다. 예수님은 모든 폭풍 속에 우리와 함께 계신다. 그의 아들 예수 그리스도는 우리를 깊이 돌보신다.

제자들을 위한 예수님의 기도에서 예수님은 아버지께 이렇게 말씀하셨다. "내가 비옵는 것은 저희를 세상에서 데려가시기를 위함이 아니요 오직 악에 빠지지 않게 보전하시기를 위함이니이다"(요 17:15) 예수님은 우리를 어려운 상황에서 꺼낸다고 말씀하신 것이 아니라 건너편으로 가는 우리를 보시고 돌보아 주신다는 것이다.

기도와 사랑에 빠져라

예수님은 지구라 불리는 이 세상은 우리의 고향이 아님을 상기시키셨다. "내가 세상에 속하지 아니함 같이 저희도 세상에 속하지 아니하였삽나이다"(요 17:16) 예수님은 비록 우리가 목적을 가지고 이 땅에 왔지만 언젠가 우리는 우리의 영원한 고향으로 돌아간다는 것을 다시 한 번 강조하신 것이다.

어려움, 혼란, 패배, 실망으로 가득 찬 이 세상을 우리가 어떻게 극복할 수 있을까? 예수님이 아버지와 우리에게 하신 말씀을 명심함으로 가능하다. "저희를 진리로 거룩하게 하옵소서 아버지의 말씀은 진리니이다"(요 17:17)

이전에 예수님은 이렇게 말씀하셨다. "나는 내게 주신 말씀들을 저희에게 주었사오며"(8절) 예수님이 주신 이 메시지는 참되고 진실된다. 예수님께서는 하나님의 말씀이 너무 중요해서 영광의 보좌를 떠나 당신과 나에게 이 말씀을 주시려고 이 땅에 오셨다. 그리고 예수님은 이 메시지를 전달하기 위해 죽으셨다. 성경이 하나님의 독생자에 관하여 전하는 것이 얼마나 중요한가! 우리는 기도와 말씀을 부인함으로 하나님을 웃음거리로 만들 수 있다. 그리고 우리가 기도와 말씀의 사람이 아니라면 하나님이 우리를 위하여 주신 생명을 놓치게 될 수도 있을 것이다.

나는 기도와 성경공부를 당신의 인생에서 최고의 우선순위로 올려놓기를 간절하게 촉구한다. 그러면 당신은 말씀과 기도와 사랑에 빠지는 당신 자신을 발견하게 될 것이다. 또한 당신은 곧 하나님과의 사랑에도 빠지게 될 것이다.

내가 존경하는 믿음의 영웅인 찰스 스펄젼(Charles Spurgeon)은 이렇게 말했다. "시간은 짧다. 영원은 길다. 짧은 인생이 영원의 빛 가운데 사는 것만이 합리적이다." 당신이 영원의 빛 가운데 산다면 당신은 더욱더 기도하는 자신을 자연스럽게 발견하게 될 것이다.

우리가 이번 장에서 보았듯이 하나님의 아들이신 예수님조차도 지금 여기서 뿐 아니라 그 후에도 기도의 막중한 중요성을 인식하셨다. 예수님은 자신보다는 남을 위하여 기도하셨다. 당신은 제자들에게 힘과 용기를 주시려고, 그들에게 기도의 삶을 따르는 모범을 보이시려고, 그들의 면전에서 기도하셨다.

예수님은 기도의 생명은 기도하는 사람이 죽으면서 사라지는 것이 아니라 그 후의 사람에게 이어지는 끝없는 영향을 끼치는 것임을 아셨다. 그러므로 기도는 앞으로 다가올 세대에게도 살아 움직이는 유산이다.

12

기도의 유산

엘라 할머니의 기도는 지금도 계속 응답되고 있다.
내가 이 글을 쓰고 있는 지금도 89세이신 나의 어머니는
매일 새벽 4시에 일어나서 기도를 시작하신다.
그렇게 일찍 일어나는 것은 어머니가 하나님과 맺은 언약이다.
"당신도 당신의 사랑하는 사람을 위하여 기도의 유산을 남기지 않겠는가?"

"기도에 관한
가장 중요한 교훈은 바로 이것이다.
지금 하라! 지금 하라! 지금 하라!"

존 레이드로우(John Laidlaw)

◆◇◆◇◆

나의 기도 사랑은 기도를 사랑한 다른 사람들로부터 전수받은 유산이다. 기도로 영향을 준 내 마음속에 자리 잡고 있는 여러 등장인물들은 놀라운 분들이다. 그들 각자는 나의 삶 이전에 기도의 삶을 영위했던 분들이다.

이번 장에서 당신에게 소개하려는 그 사람들은 많은 공통점을 가지고 있다. 그들 모두는 하나님을 사랑했고 - 하나님은 그들의 생각과 존재의 중심이었다. - 그들 모두는 성경을 사랑했고, 사람을 사랑했고, 기도를 사랑했고, 그리고 웃음을 사랑했다. 이것이 당신에게는 별로 의미 있게 보이지 않을 수도 있으나 나에게는 기도의 삶에 연속성이 있다는 것을 보여주었다.

하나님께서는 종종 상상할 수 없을 정도로, 그리고 기적적인 방식으로 우리에게 축복을 가져다주는 상황과 삶의 여정을 어떻게 수놓으셨는가를 살펴보면 놀라지 않을 수 없다. 당신은 다음의 이야기를 읽으면서 당신의 영적 성장에 영향을 끼쳤던 사람들을 묵상하기를 권한다. 그리고 어떻게 당신이 다른 사람에게도 똑같이 영향을 끼칠 것인지도 생각해보라.

"기도를 결코 포기하지 말라" : 엘라 올슨(Ella Olson)

엘라 올슨은 1886년에 조지 로스(George Rose)라고 불리는 북부 다코타(North Dakota)에 사는 부유한 사업가의 자녀로 태어났다. 조지는 엘렌데일(Ellendale)이라는 지방에서 은행과 여러 사업체를 소유하고 있었고, 커다란 농장과 농가도 소유하고 있었으며 이웃들에게 존경을 받았다.

조지는 그 지역의 지도자 중의 한 사람이었고 엄격한 아버지였으며 빈틈없는 사업가였다. 그는 아내 엘리스(Alice)와 사이에서 7명의 자녀를 두었다. 그 자녀 중의 한 사람이 엘라였다. 엘라는 17살에 전 가족 중 유일하게 크리스천이 되었다. 나머지 가족들은 예수 그리스도를 믿는 그의 믿음과 신앙을 조롱하기도 했다.

2년 후 엘라는 아일랜드 출신의 젊은 이민자와 사랑에 빠진다. 엘라의 눈에는 19살의 데이빗 레인(David Lane)은 하나님으로 가득한 잘생긴 청년이었다. 데이빗은 지방을 순회하는 감리교 목사로서 북부 다코타 지역의 마을을 돌아다니며 복음을 전파했다. 데이빗과 엘라는 결혼하여 적은 수입으로 생활해 나갔다.

데이빗은 27살이라는 젊은 나이에 죽는다. 엘라와 세 자녀인 조지(George), 케네스(Kenneth)와 룻(Ruth)을 남겨 놓은 채.

엘라의 아버지와 가족들은 그녀와 의절을 했다. 그녀가 목사와 결혼했기 때문이었다. 그녀의 아버지 조지가 가장 싫어하는 두 가지는 목사들과 외국인들이었다. 그는 고집불통이었고, 자수성가 했으며, 강한 의지의 소유자였으며, 무엇보다도 자신의 신념을 위해서는 어떤 희생이라도 치르는 자였다. 그는 손자 중 한 명을 버리는 한이 있더라도 개의치를 않았다. 엘라는 그 "금송아지(golden calf)"를 공격했고 아일랜드 사람인 데이빗 레인과 결혼함으로서 그 "금송아지"를 부서뜨린 것이다.

엘라는 3명의 자녀와 함께 내버려졌다. 그러나 그녀는 포기하지 않았다. 그녀는 자신이 받은 교육으로 교실 한 칸짜리 학교에서 교사의 직업을 얻을 수 있었다. 하지만 홀몸인 여자의 삶으로서는 너무 가혹하게도 막내아들인 케네스가 11살의 나이에 죽게 된다. 폭풍과 얼어붙을 듯한 겨울과 굶주림에서 간신히 살아난 그녀는 오리건으로 이사한다. 새로운 환경에서 그녀는 아들 조지와 딸 룻과 함께 정착할 수 있었다. 그녀는 그곳에 크리스 올슨(Chris Olson)이라는 노르웨이 크리스천과 만나 재혼을 하게 된다.

아들 조지는 성장하는 동안 어머니의 엄격한 신앙을 참아 왔으나 나중에 참지 못하고 독립해서 집을 나간다. 그녀의 열망은 아들이 아버지처럼 목사가 되는 것이었다. 그러나 아들인 조지 버논 레인(George Vernon Lane)은 사업을 선택하여 결국 한 석고 회사의 부사장이 되었다. 그는 마조리(Marjory)라는 아름다운 천주교신자 여성과 결혼하여 5명의 훌륭한 자녀를 두었다.

딸 룻은 반대로 춤을 좋아하고 재미를 추구했다. 아름답고 사교적인 룻은 사람들을 좋아하고 인생을 즐겼다. 그녀에게는 모든 것이 도전이었고 모험이었다. 그녀는 자유로운 정신과 삶을 위한 열정을 타고났다. 그녀의 인생의 선택은 오빠인 조지와 마찬가지로 예수 그리스도의 믿음의 뿌리와 성경의 가르침과는 거리가 멀었다.

룻은 넘어지고 쓰러지고 여러 번 결혼에 실패하며 상심에 상심을 거듭했다. 화창한 8월 오후에 어느 날 비극적인 소식이 룻에게 들려왔다. 그때 그녀는 오리건 주 포틀랜드에 있는 방 두 개가 있는 2층 아파트에서 두 아들과 살고 있었다. 그녀는 직장을 마치고 집으로 돌아오는 중이었다. 그때 가족 중의 한 사람이 전화를 하여 비극적인 소식을 전해주었다. 그때가 1959년 8월 19일이었다. 그녀의 큰아들인 26살의 데이빗이 자동차사고로 목숨을 잃었다는 것이다. 15살과 16살 연년생인 두 아들 켄트(Kent)와 마이크(Mike)만 남겨진 이 과부에게는 절망적인 소식이었다.

켄트와 마이크는 둘 다 크리스천 모임에도 참석하고 교회에도 다니는 등 고등학교 시절에는 신앙에 열심이었다. 그러나 그들은 예수님께 헌신하는 생활은 아니었다.

수년간의 상심의 세월과 고통의 세월이 지난 후 하나님께서 간섭하셨다. 마이크는 26살의 나이에 하나님께 소명을 받았으며 삶을 헌신하였다. 이 마이크의 개심을 듣고 기뻐할 사람이 있다면 그것은 외할머니인 엘라였다. 마이크는 목회를 시작했고, 하나님을 섬기는 것이 그에게는 최고의 우선순위였다. 제 갈 길로 가던 손자들 중 한 명이 엘라의 30년간의 기도생활을 통하여 응답받은 결과였다. 엘라는 그것만으로도 행복했다. 자신이 죽으면 자신의 장례식을 집례해 달라고 마이크에게 부탁했다.

당신이 짐작하듯 엘라 올슨은 나의 외할머니이다. 그리고 외할머니의 장례식이 내가 집례한 최초의 장례식이었다. 외할머니가 소천하기 전에 나에게 이렇게 말씀하셨다. "마이크, 나는 너의 전 인생을 위해 기도했다. 하나님께서 내 기도를 응답하셨단다. 나는 너의 어머니와 너의 형제들을 위해서, 모든 가족을 위하여 수년간 기도했단다. 나에게 한 가지만 약속해다오. 조지 삼촌에게 예수 그리스도의 복음을 전해다오. 그 삼촌은 길을 잃었고 다시 하나님을 발견해야 한단다."

나의 어머니 룻은 자녀를 위해서 열심히 생활하셨다. 그러나 오늘날의 기준에 의하면 우리는 그 당시 빈곤층에 속했다. 조지 삼촌은 우리 집에 음식이 없을 때 여러 번 도움을 주러 오셨다. 솔직히 나는 삼촌을 잘 알지 못했기 때문에 그를 무서워했다. 삼촌은 키가 크고 덩치가 큰 분이기 때문이었다. 또한 그는 근엄한 얼굴표정을 가진 전형적인 사업가였다. 삼촌이 내 주변에 있을 때 나는 일부러 피해다녔다.

나는 외할머니의 장례식을 집례 했을 때 내 의무를 성취했다고 생각했다. 왜냐하면 조지 삼촌이 장례식 때 맨 앞줄에 앉아 있었기 때문이었다. 나는 삼촌이 복음을 들었을 것이라고 생각했다. 나는 더 이상 삼촌 주변에서 불편함을 느낄 필요가 없었다.

그것은 하나님이 원하시는 바가 아니었다. 2년 후에 엘라 할머니의 자매인 나의 이모할머니가 돌아가셨다. 조지 삼촌은 나에게 그 장례식 집례을 요청했다. 나는 두 번째로 조지 삼촌에게 복음을 전하게 되었다. 과거를 회상해 보면 조지 삼촌은 나하고는 다른 강하고 거만한 남자의 모습이어서 무섭게만 생각했다. 그러나 성장하면서 조지 삼촌은 아버지가 없이 자랐기 때문에 나는 조지 삼촌을 더 친근하게 여겼다.

이 이야기는 여기서 끝날 수 있다. 하지만 엘라 할머니의 기도는 여전히 이루어지고 있다. 외할머니는 70년 동안 예수님을 믿었고, 그의 은사는 기도하는 것이었으며, 특별히 중보기도의 은사가 있었다.

두 남편과 한 아들의 죽음, 아버지에게 버림받고, 북부 다코타의 매서운 겨울의 추위, 뜨거운 여름, 그리고 숱한 어려움과 고통을 뚫고 살아남은 외할머니는 전능하신 하나님에 의해서 소명을 받았다. 즉, 자신을 위해서 기도하지 못하거나 기도하지 않는 사람들을 위하여 기도하는 것이다. 외할머니는 그의 아들이 하늘에 있기를 원했다. 그래서 할머니는 기도의 햇불을 나에게 잇게 하신 것이다.

수년 후 나는 조지 삼촌에게 내가 전화를 걸어서 지금 로스 볼(Rose Bowl) 경기장과 멀리 떨어지지 않은 캘리포니아 주 앨터디너(Altadena) 시에 있다고 말했다. 삼촌은 며칠 전에 눈 수술을 받아서 홀로 큰집에 머물고 있었다. 그의 자녀들은 모두 성장하여 각자 독립해 있었다. 내가 방문해도 되겠느냐고 삼촌에게 물었다.

처음에는 삼촌 집에 있는 동안에 좀 불안했다. 그러나 앉아서 이야기하는 동안 긴장은 사라졌다. 삼촌도 다른 사람과 마찬가지로 그저 행복한 삶을 살려고 노력하는 평범한 사람이었다. 미국 회사에서 받은 상패들은 더 이상 중요한 것이 아니었다. 시간의 흐름 앞에선 삼촌도 별수 없이 많이 약해졌다.

삼촌이 말했다. "마이크, 너의 어머니가 나에게 그러셨는데, 네가 젊었을 때 마약과 술에 찌들어 있다가 지금은 다 극복했다면서?"

"예, 그래요. 삼촌!" 나는 대답했다.

"마이크, 다행이구나." 그는 말했다. "나는 그 사실을 몰랐었다. 내가 알았다면 너를 도울 수 있었을 텐데."

그 순간 부자인 삼촌이 나를 도와주지 않았다는 어린 시절의 잘못된 오해가 모두 눈 녹듯 사라졌다.

"그런데 마이크, 어떻게 극복할 수 있었니? 넌 이제 목사가 되었다면서… 가족도 잘 부양하는 좋은 가장이라고 들었다."

나는 삼촌에게 설명했다. 어린 나이에 오리건 주 포틀랜드 시의 침례교회에서 어떻게 예수님을 만났으며, 그 후 10대 청소년 때 하나님을 배반하고 다른 길로 갔다는 것 등을 말했다. 삼촌은 병원에서 처방된 검은 안경을 쓴 채 희미한 거실 불빛아래 나를 주시하며 앉아 있었다. 나는 계속 말을 이어갔다. 내가 어떻게 기도했으며, 나의 죄를 어떻게 하나님께 용서받았으며, 하나님께서 어떻게 내 인생에 두 번째 기회를 주셨는지… 그리고 성령님께서 나를 모든 상심과 절망으로부터 치료해 주셨으며, 마약과 음주로부터 어떻게 구원하셨는지 설명하였다.

정말 놀라운 일이었다. 내가 조지 삼촌에게 세 번씩이나 복음을 전한 것이다.

삼촌은 잠시 생각하시다가 말씀하셨다. "네가 알다시피, 너의 할머니는 너를 사랑하셨단다. 너와 너의 형제를 위해서 기도하셨지. 너의 큰형인 데이빗이 교통사고로 죽었을 때 너의 할머니의 가슴은 찢어지셨단다. 너의 어머니와 나는 네 할머니와 힘든 시기를 보냈단다. 왜냐하면 네 할머니는 신앙심이 너무 깊어서 우리를 신앙심이 깊은 사람으로 만들기를 원하셨지. 나는 그 사실을 이해할 수 없었단다. 이제 너에게 할머니의 기도로 인해 일어난 이 놀라운 일을 보게 되는구나."

내가 삼촌의 집을 떠날 때, 어렸을 때 나에게 있었던 어린 시절의 상처를 하나님께서 다루시고 치유하심을 감사했다. 다음 몇 년 동안 조지 삼촌은 우리 집에 몇 번 방문하여 나와 아내와 함께 종종 저녁 식사를 하였다. 아주 유쾌한 관계가 되었다. 내가 두려워했고 무서워했던 부자 삼촌으로써가 아닌 삼촌을 나는 받아들였다. 삼촌 역시 반항적인 여동생의 불쌍한 자식으로써가 아닌 나를 받아들였다.

또 다른 놀라운 일이 벌어졌다. 조지 삼촌으로부터 갑작스러운 전화를 받게 되었는데 로스앤젤레스와 샌디에고 중간 지점에서 서로 만나자는 것이었다. 우리는 점심식사를 약속한 샌 클래맨트(San Clemente)에 있는 식당에 앉아서 그저 여러 가족에 관하여 이야기를 나누고 있었다. 시간이 흘러 후식이 제공될 즈음 삼촌이 갑자기 질문했다. "마이크! 할머니가 거듭남에 대해서 나에게 말씀하셨단다. 그게 무슨 말인지 알고 있니? 나에게 그 말에 대해서 설명 좀 해줄래?"

나의 심장은 멈추는 것 같았고 나의 머리는 얼어붙는 것 같았다. 이 일이 정말 일어난 것일까? 나는 생각했다. 나는 요한복음 3장으로 설명하기 시작했다. 예수님이 말씀하시기를 "거듭나지 아니하면 하나님 나라를 볼 수 없느니라"(3절)

"그런데 말이다, 나 같은 늙은이가 어찌 다시 태어날 수 있겠니?"

나는 부드럽게 삼촌에게 말씀드리기를, "죄를 용서하시는 하나님을 단순히 믿고 받아들이는 것은 나이와 관계가 없습니다"라고 설명해 드렸다.

삼촌은 "마이크, 다시 한 번 네가 말해준 성경구절을 하나씩 말해

줄 수 있겠니?" 삼촌은 재킷 주머니에서 볼펜과 종이쪽지를 꺼내셨다.

다음 30분 동안 나는 성경 말씀을 이야기 했고, 예수 그리스도를 믿음으로 영생을 얻는 단순한 단계를 말씀드렸다. 삼촌은 꼼꼼하게 중요한 성경구절과 개념을 받아 적으셨다. 마치 기말고사 시험을 앞둔 신학교 학생의 진지함처럼 열심히 받아 적으셨다. 2주 후 삼촌은 심장병으로 세상을 떠나셨다.

기적은 계속되었다. 나의 어머니 룻은 내 인생의 변화를 보더니 60세의 나이에 예수님을 영접하셨다. 그 나이에 예수님께 항복하는 사람이 있다는 것은 기적이 아니겠는가? 통계에 의하면 대다수의 크리스천은 10대 청소년기에 예수님을 영접하는 결정을 한다. 나의 어머니는 1932년부터 40여년간 취침 전 매일 성경을 보셨지만, 즉 다시 거듭난 그 때까지 성경을 읽었으나 예수를 전혀 몰랐던 것이다.

엘라 할머니의 기도는 지금도 계속 응답되고 있다. 내가 이 글을 쓰고 있는 지금도 89세이신 나의 어머니는 매일 새벽 4시에 일어나서 기도를 시작하신다. 그렇게 일찍 일어나는 것은 어머니가 하나님과 맺은 언약이다. 어머니는 두 아들, 어머니의 가족들, 손자들, 그리고 증손자들을 위하여 기도하신다. 아내와 내가 두 명의 새로운 손자들의 탄생을 축하하자 어머니는 농담조로 이렇게 말씀하셨다. "혹시 네 자녀들이 산아제한을 믿는 것은 아니지? 이제 매일 아침 10분 더 일찍 일어나 기도해야겠다."

나의 어머니는 외할머니 엘라로부터 중보기도의 지휘봉을 전수받으셨다. 어머니는 많은 사람을 기도로 훈련시키고 있으며, 우리

교회와 사역, 그리고 여러 사람들을 위하여 기도하고 있다. 우리 교회는 어느 누구라도 심지어 주일학교 아이들까지도 기도가 필요할 때는 어떻게 해야 하는 줄 알고 있다. "룻 할머니한테 가서 기도해!"

이 이야기를 마치면서, 조지 삼촌은 내가 두 살 때 크리스마스 선물로 곰 인형을 주셨다. 그 이름은 갈색 곰이었다. 지금 그 곰은 한쪽 눈이 빠지고, 코는 실로 꿰맨 채 털은 다 빠졌다. 지난 56년 동안이나 아이들에게 사랑을 받아 왔지만 이제는 다 낡아 빠져서 내 서재에 있는 서랍장에 앉아 있다. 이 곰 인형은 어머니의 기도는 결코 실패하지 않는다는 사실과 하나님은 자녀들의 구원을 위하여 어머니의 울음소리를 들으신다는 사실을 상기 시켜주고 있다.

수년 전 어느 날 밤, 나는 팜 스프링스에 있는 호텔 연회실에서 수많은 사람들에게 복음을 전하였다. 설교가 끝난 후 한 할머니가 나에게 다가와 물으셨다. "마이크! 혹시 오리건에서 자라지 않았니? 엘라 올슨이라는 할머니가 너의 할머니 아니니?"

나는 아름답게 늙은 성도에게 "그렇다"라고 말했다.

"그래!" 그녀가 대답했다. "내가 너의 할머니의 친구였단다. 난 그녀와 함께 유진 나사렛 교회(Eugene Nazarene Church)에 늘 다녔었지. 수요일마다 교회의 여자들을 위하여 너의 할머니 집에서 기도회로 모였었지. 너의 할머니의 기도는 지붕 위 널빤지를 날아가게 할 정도였단다."

엘라 올슨 할머니는 아무리 칭송해도 끝이 없는 분이시다.

"평범한 기도를 넘어서라" : 윌리스(W. J. Willis)

윌리스는 15살의 나이인 1905년에 구원을 받았다. 어느 날 그는 영국의 그레이트브리튼(Great Britain)에 있는 조그만 침례교회의 발코니에 혼자 앉아 있다가 거기서 예수 그리스도의 복음을 듣고 예수를 영접하게 되었다.

그를 사랑하는 모든 사람들은 그를 미스터 윌리스 씨라고 불렀다. 그는 유명한 웨일즈 대 각성(Welsh Revival) 때 구원을 받았는데, 이때는 역사상 놀라운 때로서 하나님의 능력이 웨일즈(Wales)에 강하게 역사되었다. 그로 인해 매춘 사업이 망했고, 술집은 문을 닫았고, 교회는 24시간 내내 문이 열려져 있었고, 하나님께 자신들의 죄를 울며불며 회개하는 사람들로 가득 차 있었다. 이것은 두 문명의 초자연적인 충돌이었고 하나님의 왕국과 이 세상의 왕국이 정면으로 맞부딪친 사건이었다.

이때 이반 로버츠(Evan Roberts)란 젊은이가 있었는데 하나님은 그를 강하게 사용하셨다. 이반이 대 각성의 지도자로 불려지진 않았을지라도 그는 선두에 서있었다. 이 젊은이와 그의 동생은 웨일즈 전 지역의 기도 모임을 이끌었다. 하나님은 그를 대 각성을 위한 촉매 역할을 하는 사람으로 사용하셨다. 그는 너무 겸손하여 교회로부터 강사로 초청을 받을 때 초청한 목사님이 두 가지 조건을 수락하는 경우에만 집회를 인도하겠다고 했다. 첫 번째 조건은 초청한 목사님이 교인들에게 이반이 강사로 온다는 이야기를 하지 말 것이며, 두 번째 조건은 목사님이 이반에게 집회 날짜를 요구하지 말 것을 요구했다. 오로지 하나님만이 청중들을 모이게 할 것이며, 오로지 하나님만이 단계적으로 매일 자신을 이끌 수 있다는 것이었다.

이반이 교회의 집회에 나타나면 그 교회는 어김없이 사람으로 가득 차 있었다. 때때로 성령 하나님의 역사가 너무 강하게 나타나서 이반은 청중들 속에 앉아서 수 시간 동안 함께 울고, 웃고, 찬양을 불렀다. 그런 때에는 그는 앞에 나서서 설교하지도 않았으며 자신이 거기에 있다는 사실도 나타내지도 않았다. 또 어떤 때는 무대 위로 걸어 올라가면 성령이 대중들에게 임재하기도 하였고, 그가 의자에 앉기만 해도 성령이 주시는 죄의 자각 때문에 성도들이 울며 기도하기도 했다.

윌리스 씨의 10대 시절이 바로 이런 환경이었다. 윌리스 씨는 이반의 동생과 절친한 친구였고 그 당시 하나님의 역사에 크게 영향을 받았었다. 윌리스 씨는 스펄전신학교(Spurgeon's Pastor College)에서 공부를 했고, 카디프(Cardiff)의 리스 하우얼즈(Rees Howells) 학교에서 가르쳤다. (만약 여러분이 구룹(Norman Percy Grubb)이 쓴 '리스 하우얼즈 : 중보자(Rees Howells : Intercessor)'라는 책을 읽지 못하였다면 이 책을 읽고 당신의 서재에 가지고 있기를 권한다)

1973년으로 빠르게 지나가 보자. 마라나타! 음악(Maranatha! Music)이라는 새로운 기독교 음악 사역의 디렉터로서 나는 우리가 출간한 첫 번째 찬양 앨범을 보급하고 있었다. 전 세계로 발간되는 찬양 앨범과 CD 시리즈가 시작된 것이다. 그날 성령님이 나를 깨우치셨다. "너는 오늘 저녁에 300개의 앨범을 가지고 하나님으로부터 온 선물이라면서 그들에게 주어라. 그러면 내가 이 음악과 마라나타 음악을 축복할 것이다."

그날 저녁 나는 내 친한 친구인 더그(Doug Sutphen)의 초청을 받았다. 로스앤젤레스 근교 지역에서 개최 된 특별 저녁식사에 참석하기 위해서다. 더그는 중국에 대하여 큰 가슴을 가지고 중국 사람들의 영적인 성장을 위한 꿈을 가지고 있었다. 이날 저녁식사에 많은 부유하고 유명한 사람들이 대거 참석했다. 거기에 있는 모든 손님에게는 중국음식이 제공되었다. 그리고 중국 본토에서 온 젊은이가 연설을 했다. 이것은 아주 새로운 시도였다. 왜냐하면 그때만 해도 중국은 폐쇄된 나라였고 미국 사람들은 중국에 여행을 하지 않았으며 많은 중국인들도 미국에 오지 못했을 때였다. 이 젊은 중국 크리스천은 중국교회에 관하여, 그리고 중국에 성경이 필요하다는 사실을 대중들에게 연설하기 시작했다.

나의 외할머니는 젊었을 때부터 중국 사람을 위한 중보기도를 하셨다. 어머니도 외할머니가 1900년대 초 북부 다코타 지역에서 살 때 중국 사람을 본적은 없지만 중국을 위하여 기도하셨다고 말씀하셨다. 나는 저녁초청에 감동을 받아서 하나님이 지시한대로 무료로 레코드를 나누어주었다. 내 인생이 영원히 변화될 것이라고는 전혀 꿈꾸지 못했다.

저녁식사 후에 척 기라드(Chuck Girard)의 특별음악이 있었고, 그 후에 더그가 연설할 젊은 친구를 소개했다. 중국에서 수많은 크리스천들이 박해를 참아가며 많은 가정교회가 성장하고 있다는 얘기에 모두가 감화를 받았다. 그의 연설이 끝날 때쯤 더그는 이렇게 말을 맺었다. "이제 우리는 하나님의 보좌 앞에 기도하기 위한 이 엄청난 요구에 헌신해야 합니다." 이때 그는 월리스 씨를 소개했다.

윌리스 씨는 연회실 앞으로 걸어 나왔다. 그는 5피트의 키였으며 몸무게는 고작 100파운드쯤 되어 보였고, 성직자 깃이 있는 검은색 양복을 입고 있었다. 그의 백발은 빗질로 정돈되어 있었고 그의 약간의 하얀 콧수염도 잘 정돈돼 있었다. 그의 번쩍이는 구두는 흠이 없었다. 그는 완전한 영국 신사의 이미지였다.

윌리스 씨가 주머니에서 조그만 성경책을 꺼내어 손에 쥐었다. 그는 모든 사람을 눈으로 직접 응시하면서 세 사람이 합친 목소리보다 더 큰 소리로 이렇게 외쳤다. "평범한 기도는 중국에서 이뤄지지 않습니다. 또한 중국교회가 성경을 갖게 되기를 바라는 사람에게도 이뤄지지 않습니다."

"뭐라고?" 나는 독백으로 말했다. "이분이 무슨 말을 하는 거지?"

그는 다시 조그만 가죽 성경을 손에 쥔 채 말하고 있었다. "내가 여러분들에게 말씀드립니다. 평범한 기도는 절대 이루어지지 않습니다."

"안되겠어!" 나는 생각했다. "만약 이 조그맣게 생긴 건방진 사람이 한 번만 더 그렇게 얘기하면 나는 벌떡 일어나서 면박을 줄 거야. 평범한 기도는 이루어진다고. 성경이 그렇게 말하고 있잖아. 내가 기도하면 그 기도는 항상 이루어진다고."

그는 더 큰 음성으로 세 번째 이렇게 말했다. "평범한 기도는 이루어지지 않습니다!"

내가 자리에서 벌떡 일어나려고 할 때 그는 말했다. "여러분의 성경 디모데전서 2장을 펼쳐보십시오."

그는 뉴 킹 제임스 버전 성경으로 첫 세 구절을 읽기 시작했다. "그러므로 내가 첫째로 권하노니 모든 사람을 위하여 간구와 기도와 도고와 감사를 하되 임금들과 높은 지위에 있는 모든 사람을 위하여 하라 이는 우리가 모든 경건과 단정한 중에 고요하고 평안한 생활을 하려함이니라 이것이 우리 구주 하나님 앞에 선하고 받으실 만한 것이니"

다른 사람을 위한 기도의 중요성과 기도의 새로운 차원과 이해를 열어 준 것이 바로 이때였다. 윌리스 씨는 "중재(intercession)"라는 단어에 강조를 두었다. 그에게 있어서는 중보기도가 우리가 하나님께 드리는 정상적인 매일의 기도를 능가하는 것이었다. 이 86세의 노신사는 중보기도의 영역을 나에게 소개한 것이다. 그는 1920년대와 30년대에 한국에서 선교사로 있으면서 예수님을 모르는 사람들을 위하여 중보기도 하는 것을 배웠다. 그 사람과 나의 할머니, 나의 어머니에게는 중보기도가 하나님으로부터의 부르심이었다. 즉, 하늘의 부르심으로서 다른 사람을 위하여 기도하도록 그들 마음에 멍에를 주신 하나님의 은사를 받은 사람들이었다.

형식적으로 볼 때 "정상적인" 또는 "평범한" 기도라는 것은 없다. 기도란 우리의 지상의 관점에서는 독특한 것이며 우리의 육신으로 볼 때에는 이상한 것이기 때문이다. 사실상 기도에 관한 한 인간적인 영역에서 볼 때 정상적인 것이란 없다. 기도는 하나님께서 그의 피조물에게 주신 선물이며 하나님께서 우리와 의사소통하기 위하여 주신 선물이다.

나의 강조점은 우리를 기다리는 위대한 경험과 다른 사람에게 영향을 주는 것은 바로 우리가 자신을 위한 기도하는 사람이 될 뿐 아니라 다른 사람을 위해서도 기꺼이 기도하는 사람이 될 때이다. 사실상 우리가 다른 사람을 얼마나 사랑하는 가는 우리가 그 사람을 위하여 얼마나 기도하는 가로 측정될 수 있을 것이다. 이 모임을 통하여 기도는 나에게 새로운 의미로 시작되었을 뿐 아니라 새로운 우선권으로 받아들여지게 되었다.

그 당시 아내와 나는 오래된 집에서 살고 있었다. 우리는 현관이 있는 거실 뒤쪽에 침실을 추가할 계획이었다. 현관 옆에는 지하로 연결되는 조그만 지하방 문이 있었다. 그 지하에는 온 집안을 데워 주는 오래된 보일러가 있었다. 그 지하 공간에는 천장에 하나의 전구가 매달려 있는데 정확히 부엌 아래 부분이었다. 지하에는 약 5피트 높이로 시멘트가 둘러싸여 있고 그 아래로는 흙으로 되어 있었다. 집 전체 해봐야 28평 정도였을 것이다.

이 지하공간은 - 기도 방으로 사용되었는데 - 오로지 침실과 연결된 방을 통해서만 접근할 수 있었다. 우리는 창고 문을 열고 창고로 들어가 지하로 향하는 문을 열어야만 이 기도의 방으로 들어갈 수 있었다. 우리는 예수님께서 마태복음 6장 6절에서 말씀하신 대로 개인기도를 하기 위하여 골방으로 들어갔다.

중국이 내 마음에 커다란 충격으로 다가오자 전문 조각가가 새긴 목재 표지판을 만들어 문 입구에 붙였다. 내가 그 문으로 들어갈 때마다 또는 아이들의 소음을 피하거나 전화소리를 피해서 어둡고 거무죽죽한 보일러 방에 들어갈 때마다 "중국이 무너진 곳"이라는 표지판이 나에게 인사했다. 나의 기도 방의 이름은 에스겔 선지자가 하나님께 한 말에서 유래한 것이다. "이 땅을 위하여 성을 쌓으며 성 무너진 데를 막아서서 나로 멸하지 못하게 할 사람을 내가 그 가운데서 찾다가 얻지 못한 고로"(겔 22:30)

나는 하나님 앞에 무너진 데에 서있는 사람이 되려고 나의 마음속에 목적을 가졌다. 이 본문을 읽으면서 나는 이사야의 부르심과 평행을 이루는 것을 발견했다. "또 내가 주의 목소리를 들은즉 이르시되 내가 누구를 보내며 누가 우리를 위하여 갈꼬 그때에 내가 가로되 내가 여기 있나이다 나를 보내소서"(사 6:8) 비록 하나님께서 에스겔의 사역동안 무너진데 서 있는 사람을 발견하지 못했지만, 이사야의 사역 중에는 그 일을 위해 적어도 한 사람은 가지고 계셨다.

그것이 중보기도의 좋은 개념이다. 다른 사람을 위하여 하나님 앞에서 "무너진 데서 서있는 것"이다. 우리 모두는 하나님으로부터 멀리 떨어져 있는 사람들을 알고 있다. 우리가 그들을 위하여 기도할 수 있는 가장 근처에 있는 유일한 사람일 수 있다. 그들의 삶과 예수 그리스도를 통한 영원한 삶 사이에는 너무 먼 거리가 존재한다. 당신과 내가 기도로 그 거리를 메울 수 있다. 중보기도는 마치 하나님의 보좌 앞에서 그들을 위하여 기도하는 사람과 같이 그들을 위하여 간청하는 것이다. 윌리스 씨는 나에게 어떻게 무너진데 서있는 가를 가르쳐 주었던 것이다.

"쉬지 말고 기도하라" : 빌리 그래함(Billy Graham)

미국의 많은 사람들은 빌리 그래함 목사님이 누구인지 알고 있다. 그러나 대중들은 탁월한 사람들에 관하여 정말로 "잘 아는 것"은 아니다. 우리는 그들을 "인식"하거나 그들이 "상징"하는 것만 알뿐 개인적 친구나 가족이 아는 것처럼 "알 수"는 없다.

나는 당신이 빌리 그래함 목사님에 대하여 더 상상할 수 있도록 나와 그분과 단 둘이 호텔 방에서 많은 시간동안 대화를 나누었던 것을 말하고자 한다. 그는 1980년대 초 캘리포니아 주 새크라멘토 (Sacramento) 집회 때 나를 위해 기꺼이 시간을 내주었다.

내가 그에 관하여 물어보고 싶었던 것은 그의 기도생활이었다. 그가 기도에 관한 자신의 견해를 나에게 이야기하는 동안 나는 들으면서 배우게 되었다. 예를 들면 내가 그와 함께 앉아 얘기하는 동안 그는 조용히 나에게 도움이 될 만한 것을 말해줄 수 있게 도와달라는 것과 내가 하나님의 나라를 섬기는 동안 어떻게 하나님께서 인도하실 지를 그에게 말해달라고 기도했다는 것이다.

나는 지난 20년 동안 하나님을 섬기겠다는 뜨거운 열정을 가진 젊은이들에게 이러한 기도를 몇 번이나 했는지 알 수 없을 정도로 부끄러웠다. 빌리 그래함 목사님은 온 마음으로 하나님을 섬기겠다는 한 젊은이를 위하여 그가 아는 모든 사람과 더불어서 대화하고 들어주고 기도해주었음을 나는 회상하고 기억한다.

빌리 그래함 목사님께서 주신 기도생활에 대한 또 다른 흥미로운 통찰력은 쉬지 말고 기도하라는 것이었다. 이에 대해서는 이미 앞장에서 언급하였다. 그는 나에게 깨어있는 순간부터 잠들기까지 기도한다고 했다. 차에서, 점심식사 중에, 성경을 읽는 중에도 등등 모든 순간이 기도하기 위한 순간이다. 이런 식의 기도는 기도와 사랑에 빠지려는 열정을 가진 사람에게 참된 동기부여가 될 것이다.

사도 바울 시대에 데살로니가라고 하는 큰 도시가 있었다. 이 도시는 마케도니아(Macedonia)라는 로마 네 개 지역 중 한 수도였다. 이 이름은 이 도시를 지은 카산더(Cassander)의 부인인 데살로니가에서 따온 것이다. 이 동네는 지금은 살로니키(Saloniki)라고 알려져 있다. 이 유명한 도시에서 바울은 교회에게 경각심을 가지고 주님께 돌아올 준비를 하라고 도전했다. 신약성경 안에는 이 도시에 있는 교회에게 쓴 두 장의 편지가 있다. 이 편지는 하나님이 그곳에 살고 있는 사람들에게 뭔가 중요한 것을 말하고 있다는 것을 알 수 있다.

그 편지에서 사도 바울은 하늘과 공개적으로 의사소통을 할 것을 사람들에게 말하고 있다. "항상 기뻐하라 쉬지 말고 기도하라 그리고 범사에 감사하라 이는 그리스도 예수 안에서 너희를 향하신 하나님의 뜻이니라 성령을 소멸치 말며"(살전 5:16~19)

바울이 "쉬지 말고"(또는 "끊임없이"라고도 번역됨)라고 말한 그리스어는 "중간에 쉼이 없이"를 의미한다. 이 말에 당신은 나에게 "마이크, 하루 종일 밤낮 어떻게 내가 기도할 수 있겠어? 나는 일도 해야 하고 함께 있는 아내와 자식들에게도 관심을 가져야 돼"라고 말할 수 있을 것이다. 당신 질문에 대한 대답은 맥기(Dr. J. Vernon McGee) 주석에 명쾌하게 쓰여져 있다. "이 말은 기도의 태도와 관련된 것이다. 이 말이 항상 무릎 꿇고 기도하라는 것은 아니다. 그러나 이 의미는 정기적으로 기도하며 기도의 태도에 있어서 정기적으로 끊임없이 기도하라는 것을 의미한다."(맥기 : McGee 1983) 그러므로 나는 내 인생의 과거를 돌아보고 기도의 유산을 즐기면서 우리 외할머니처럼 하나님께 기도하고 어떤 어려움이 나에게 닥치더라도 하나님을 믿을 것이라고 결심했다. 나의 어머니처럼 결국 하나님을 사랑하는 자 곧 그 뜻대로 부르심을 입은 자들에게는 모든 것이 협력하여 선을 이룰 것이라고 나는 기억할 것이다(롬 8:28).

빌리 그래함 목사님처럼 내가 가진 모든 상황이 어떤 사람을 위하여 기도할 수 있는 기회가 되도록 할 것이다. 그리고 나는 "쉬지 말고 기도하라"는 그 유산을 지킬 것이다. 내가 지금 당장 내 지붕 위의 널빤지를 날아가게는 못할지라도 나는 기도할 것이다. 나의 시간 때가 아닌 하나님의 시간 때에 일하시는 하나님을 바라며 기도할 것이다. 윌리스 씨처럼 나는 영혼들을 위하여 기도할 것이며, 교회의 부흥을 위해서 기도할 것이다. 내 마음의 기도는 나 자신보다는 다른 사람에 초점을 맞출 것이다.

"당신의 사역이 기도로 흘러가게 하라" : 척 스미스(Chuck Smith)

내가 이 지구상에 척 스미스 목사님보다 더 존경하는 사람은 존재하지 않는다. 척 목사님이 나에게 성경을 가르치지 않았고 말씀을 통하여 하나님께서 지시하는 방법을 알려주지 않았다면 기도의 유산을 받을 수 있는 방법도 알지 못했을 것이다.

척 스미스 목사님은 척 목사님으로 전 세계 사람들에게 알려져 있다. 지난 33년 동안 나는 그분을 알고 지내고 있다. 나는 그분이 캘리포니아 주 코스타 메사(Costa Mesa)의 조그만 교회의 목사로 시작하여 지금은 전 세계에 1천 개가 넘는 지교회를 이끄는 목회자로 성장한 것을 보아 왔다. 그의 가르치는 은사는 수만 명의 사람에게 하나님을 알게 하고 하나님의 말씀을 사랑하도록 이끄는 것이었다. 척 목사님은 "예수 운동의 아버지(father of the Jesus Movement)"로 많은 사람에게 알려져 있다. 이 운동은 1960년대 말에서 1970년대 초에 젊은이들이 해답을 찾으려 하는 시기에 미국에서 놀랍게 일어난 운동이다. 그 당시 마약이 그들이 발견한 사회의 주류 방법이었다. 수백만 명의 젊은이들이 미국의 자유와 성공의 핵심이었던 사랑하는 집과 가족을 떠나 길을 잃고 정처 없이 떠돌아다니던 시절이었다.

척 목사님과 사모님 캐이(Kay)는 해변가에 와서 그들이 만나는 히피(hippies)들을 위하여 기도하곤 했다. 척 목사님은 보수주의자이었지만 그 일은 자신에게 있어서 믿음의 확장을 위한 것이라고 생각하였다. 그러나 사모님은 히피들에게 예수를 발견하게 하는 것은 어려운 일이라고 생각하였다. 내 생각에 이 이야기는 갈보리교회에서 척 목사님으로부터 성경을 배웠던 대부분의 남녀 젊은이들은 한 두 번 정도는 들었을 것이다. 그리고 부모 세대의 사람이 젊은이들을 위하여 시간을 내어 기도해주고 있다는 그 이야기는 젊은이들의 마음을 움직이게 했을 것이다.

나는 지난 33년 동안 성경공부의 스승으로서 척 목사님을 옆에서 모실 기회를 가졌었다. 나에게 있어서는 척 목사님의 목회는 하나님의 말씀의 능력과 믿는 사람의 삶에 있어서 기도의 중요성의 본보기이다. 그는 세 가지 기본적인 형태로 기도를 표현했다. 예배와 간구와 중보. 그리고 그는 각 기도의 형태는 다양하다고 믿었다. 그를 관찰함으로써 나는 기도의 참된 가치를 배울 수 있었다. 그의 목회의 열매는 오늘날과 비교할 수 없지만 기도가 그의 삶의 중심이었다는 것을 나는 알고 있다.

갈보리교회는 척 목사님이 성경을 가르친 15명의 사람으로 시작되었다. 35년이 지난 지금은 1천 개의 지교회가 있다. 갈보리 인공위성 체계가 하루에 약 400여 개의 무선국을 통하여 미국에 방송되고 있다. 그리고 남부 캘리포니아에 50에이커(약 63,000평)의 휴양원과 바이블 칼리지(Bible College)가 있다. 샌 버나디노(San Bernardino)의 산에는 600에이커(약 730,000평)의 청소년 캠프장이 있고, 25에이커(약 30,000평)의 휴양원이 있으며, 30에이커(약 36,000평)의 주 교회 예배당 부지가 있으며, 오스트리아에는 예전에 나치 독일군이 사용했던 옛 궁성에 바이블 칼리지(Bible College)가 있다. 헝가리에도 바이블 칼리지(Bible College)와 휴양원이 있으며, 전 세계적으로 다양하게 열매 맺는 사역들이 있다. 미약한 시작에서부터 엄청난 영향을 끼치기까지 성령 충만한 사역을 확장시키는 데는 기도가 큰 밑거름이 되었다.

척 목사님은 "하나님이 인도하시면 하나님이 준비하신다"라는 것을 철저히 믿는 분이다. 그의 활발한 기도생활과 역동적인 믿음으로 인하여 현대교회 역사상 보기 드문 사역을 감당하였다. 나에게 더 놀라운 사실은 갈보리교회의 모든 사역에 있어서 빚이 없다는 것이다. 척 목사님은 자신의 사역의 모든 공급을 위하여 하나님을 찾는다. 나는 척 목사님이 돈 때문에 구걸한 것을 본적이 없다. 또는 사람들에게 기부금을 부탁하기 위해 우편을 부치거나, 헌금을 하지 않는 사람들에게 죄책감을 느끼게 한다거나, 돈을 모집하는 일을 결코 본 적이 없다. 그는 기도한다. 그러면 하나님은 성령님을 통하여 하나님의 백성에게 역사하시도록 운행하시는 것을 볼 수 있었다.

척 목사님이 나에게 첫 번째 끼친 영향은 남자들의 기도 모임이었다. 이 모임은 매주 토요일 저녁 7~9시까지 있었다. 교회의 장로님들이 매주 척 목사님과 함께 교회의 사역과 교회의 가족들을 위하여 기도했다. 나는 그 모임에서 그전에 한 번도 보지 못한 것을 보았다. 그것은 기름을 묻혀서 병든 자에게 안수하며 기도하는 것이었다. 조그만 350석 규모를 가진 시골교회의 폭발적인 성장은 하나님의 은혜와 절대 주권적인 놀라운 역사였다. 내가 예수님을 영접했던 첫 주부터 내가 5년 후에 샌디에고로 이사 올 때까지 나는 매주 토요일 저녁마다 조그만 예배당에서 열린 남자 기도 모임에 참석하였다. 그때는 남부 캘리포니아 땅콩 농장의 들판 한가운데에 교회가 있었다.

어느 날 저녁, 나는 긴 의자 두 번째 줄에 앉아서 머리를 숙인 채 모든 남자들과 기도하고 있었다. 사람들은 좌석이 다 차서 단상까지 올라가 앉고 마룻바닥에도 앉아 하나님께 부르짖고 있었다. 척 목사님이 병든 자들은 앞으로 나오라고 말할 때 한 젊은이가 걸어 올라가 단상과 연결된 계단 끝 의자 쪽에 앉았다. 그는 척 목사님과 장로님들에게 자신은 간질병을 가지고 있어서 매일 약을 먹지 않으면 몸의 오른쪽 옆구리에서 경련이 일어나 발작하게 된다고 말했다.

나는 놀라움 속에 그 이야기를 들으면서 몇 달 전에 내가 읽었던 예수님에 관한 이야기 중에 하나가 떠올랐다. "침상에 누운 중풍병자를 사람들이 데리고 오거늘 예수께서 저희의 믿음을 보시고 중풍병자에게 이르시되 소자야 안심하라 내 죄 사함을 받았느니라"(마 9:2) 척 목사님과 장로님들은 그 젊은이의 이마에 손을 얹고 간절히 안수기도를 했다. 몇 분 후 그 젊은이가 자리에서 벌떡 일어나더니 다 치유됐다고 선포하는 것이었다.

나는 그 시절에 마약 복용으로 고통을 당하고 있었다. (60년대의 대부분 사람들과 마찬가지로 마약 흡입을 했다) 2년 동안 나는 두통과 악몽과 망상에 괴롭힘을 당했다. 때로는 파티에서 어떤 사람들이 나를 약올리고 있다라는 망상과 그들이 나를 죽이려한다는 상상에 빠질 때도 있었다. 그리고 머리에 총을 맞고 그 파티 장을 떠나는 내용으로 구성되기도 했다. 그 망상을 떨쳐버리기 위해 나는 정신과 치료만 2년을 받아야만 했다.

간질병을 치유받은 그 젊은이가 척 목사님께 감사할 때 나는 속으로 외치고 있었다. '나도 저렇게 치료받으면 얼마나 좋을까!' "아주 세미한 소리가"(왕상 19:12) 나에게 들렸다. "너도 받을 수 있어!"

나는 스스로에게 말했다. '그의 문제는 육체적이지만 내 문제는 정신적인 거야.'

그때 다시 이런 음성을 들었다. "하나님께는 능치 못할 일이 없느니라."

당신에게 믿음이나 기도의 배경이 있다면 이 시점에 있는 나를 이해해주길 바란다. 척 목사님은 사람들을 위한 기도를 통하여 그의 믿음을 나타냈을 때 성령님은 그의 믿음에 역사하셨다. 그것을 보고 있는 나에게 성령님은 하나님을 볼 수 있는 믿음을 허락해주셨다.

야고보는 이러한 관행을 신약성경에서 이렇게 말하고 있다. "너희 중에 고난당하는 자가 있느냐 저는 기도할 것이요 즐거워하는 자가 있느냐 저는 찬송할지니라 너희 중에 병든 자가 있느냐 저는 교회의 장로들을 청할 것이요 그들은 주의 이름으로 기름을 바르며 위하여 기도할지니라 믿음의 기도는 병든 자를 구원하리니 주께서 저를 일으키리라 혹시 죄를 범하였을지라도 사하심을 얻으리라"(약 5:13~16, NKJV 참조)

내 신앙은 도전 받았다. 그래서 용기를 내어 단상으로 올라가 나의 정신적인 번뇌에 대하여 척 목사님께 말했다. 척 목사님은 하나님은 여전히 보좌에 계신다며 그분을 믿으라고 확신을 주었다. 내 머리에 기름으로 안수를 받자 "모든 지각에 뛰어난"(빌 4:7) 하나님의 평강이 물밀 듯 밀려옴을 느꼈다. 그때 내 마음의 눈이 전기충전을 받듯이 왼쪽 머리 부분(내가 총 맞은 것으로 생각한 부분)에서 오른쪽부분으로 관통하였다. 그때 그 "미세한 음성"이 그날 저녁에 다시 한 번 들렸다. "마이크! 내가 주는 것은 두려워하는 마음이 아닌 오직 능력과 사랑과 근신하는 마음이란다."

그 순간 나는 치유되었고, 내 마음은 정상으로 돌아왔다. 나는 의자에서 일어나 마룻바닥에 누워 울고 또 울었다. 하나님은 나를 치료하셨고 두 번째 인생의 기회를 주셨다.

내가 성경을 배우기 시작할 때 다음의 성경구절을 보고 깜짝 놀라게 되었다. "하나님이 우리에게 주신 것은 두려워하는 마음이 아니요 오직 능력과 사랑과 근신하는 마음이니"(딤후 1:7, NKJV 참조)

어느 토요일 아침에 나는 나의 믿음을 증거하고 복음성가 테이프를 나누어주려고 헌팅턴 비치(Huntington Beach)에 갔다. 나는 서핑용품 가게 옆에 있는 커피숍에 들어갔다. 거기에는 약 30여명의 사람이 있었다. 이른 아침부터 서핑을 즐기려는 사람과 주변의 이웃사람으로 꽉 차 있었다. 그들은 카운터나 다 떨어진 빨간 가죽 좌석에 앉아 있으면서 해변가의 울렁이는 파도를 보고 있었다.

그 가게의 주인은 노파였는데 나에게 커피 한 잔을 따라주면서 말했다. "이봐요! 손님에게 나눠주는 것이 뭔가요?" 나는 내가 정신 나간 사람처럼 보였다면 용서해달라고 말하면서 내가 예수 그리스도를 구세주로 영접했는데 사람들에게 복음성가와 성경책을 나누어주고 있다고 말했다. 어쨌든 은혜 받은 초창기 시절의 나의 열정은 몇몇 사람들에게는 다소 지나쳐 보였음을 인정한다.

"그래요?" 그녀는 말했다. "그런데 어느 교회 다녀요?"

나는 코스타 메사(거기에서 10마일 떨어진)에 있는 갈보리교회에 다니며 척 스미스 목사님이 나의 목사님이라고 자랑스럽게 말했다.

"척 스미스요?" 그녀는 대답했다. "나도 그분을 알고 있어요. 그분이 헌팅턴 비치에서 젊은 목사였을 때부터 알고 있어요. 어느 토요일 저녁에 남편이 알코올 중독자라 그에게 데려갔지요."

그녀는 그 이야기를 보따리 풀듯이 쭉 이야기했다.

"저녁에 기도 모임이 막 끝날 때쯤 사람들은 주차장으로 줄지어 나가고 있었어요. 척 목사님은 본당에 남아 청소하고 있었고, 나는 술에 취한 남편을 데리고 척 목사님을 만나 도와달라고 부탁했지요. 그리고 남편을 척 목사님께 맡겨두고 차를 타고 나왔어요…"

그녀는 내가 이해할 수 없는 말을 했다. 그것은 척 목사님이 남편과 온밤을 지새우며 "밤새 기도했다"는 것이다. '밤새 기도라!' 나는 생각했다. 그것은 대단히 영적이었다. 언젠가 어떤 의미든지 밤새 기도한다는 것을 배워야겠다고 생각했다.

2년 후 나는 척 목사님에 의해서 선택되어 부목사로 시무하게 되었다. 나는 더 이상 궁금해서 기다릴 수 없어 매주 교역자 모임에서 나는 그 여인과 그 남편에 대한 이야기를 척 목사님께 여쭈었다. 척 목사님은 그 커피숍 여주인과 남편의 이름을 기억하고 있었다. 그래서 나는 그때 목사님이 "밤새 기도했다"는 사실 때문에 그녀가 감탄했었다는 이야기도 해주었다.

척 목사님은 그때의 일을 생각하며 웃으셨다. 목사님은 그 술 취한 남자에게 그의 음주문제를 예수님께서 도와주실 수 있다고 말했지만 그 사람은 너무 술에 취해서 그 말을 이해할 수 없었다고 한다. 그 사람은 바로 연단 카펫에 쓰러져서 잠이 들어 버렸다. 그래서 척 목사님은 차의 트렁크에서 담요를 가져다가 그를 덮어주었다.

척 목사님은 그날 4번의 주례를 하였고, 저녁 남자 기도모임을 인도했기 때문에 너무 피곤하셨다. 게다가 목사님은 다음날에 3번의 아침예배와 1번의 저녁예배가 있기 때문에 집에 가서 주무셨다. 그 남자는 아침에 일어나 부인에게 전화를 해서 기분 좋게 돌아갔다.

나는 척 목사님으로부터 수년 동안 자신은 "밤새 기도했다"는 얘기를 들었으나 그것이 무슨 의미인지 전혀 알지 못했다. 또한 나는 성경 어느 곳에서도 그런 말은 찾지도 못했다. 척 목사님은 그런 기도는 오순절 강림 때 기원한 것이라고 말해주었지만, 나는 결코 이해하지 못했다.

나는 그 경험을 통하여 여러 가지를 배울 수 있었다. 첫째는, 내가 목사님을 바라봄으로써 하나님은 여러 사람이 함께 모여 집단으로 기도하는 것을 좋아하신다는 것을 알게 되었다. 기도는 예배이다. 그리고 하나님은 사람을 치료하는데 기도를 사용하신다. 둘째는, 척 목사님처럼 내가 기도에 관한 모든 명칭을 쓴다거나 기도에 관한 모든 사실을 알 수는 없다는 것이다. 그러나 한 가지 분명한 것은 나는 기도할 것이라는 것이다. "밤새 기도한다"라는 그 이야기는 나에게 있어서는 2년 동안 무슨 의미인지 궁금했지만 대단한 것은 아니었다. 사실상 이 이야기를 통해서 내가 배운 것은 기도는 실제적이며 우리의 기도생활도 실제적이어야 된다는 것과 실제적인 것 이상으로 만들려고 노력하지 말아야 한다는 것이다.

이 교훈들은 내가 기도와 사랑에 빠지는데 자유로움을 주었다. 왜냐하면 내가 깨달은 것은 기도는 새벽 3시에 일어나거나 소에게서 우유를 짜는 것 같은 그런 업무나 잡일이 아니라는 것이다. 기도가 여러 가지 측면을 가지고 있다는 사실을 알게 되면 (마치 반짝이는 다이아몬드가 여러 측면을 가지고 있듯이) 기도와 사랑에 빠진다는 것은 쉽다. 그 기도가 당신에게 하나님으로부터 온 선물이라는 사실을 알게 될 때 기도와 사랑에 빠지는 것은 쉬울 것이다.

내가 내 친구이자, 스승이자, 목사님으로부터 기도에 대해 배운 것을 하나 더 이야기면, 척 목사님이 주일예배 때 1만명 앞에서 기도할 때나, 그래그(Greg Laurie)와 함께 전도집회에서 5만명 앞에서 기도를 할 때나, 병원의 병자 침실 옆에 서있을 때나, 장례식 때 무덤 옆에 서있을 때나, 그리고 전화로 개인적으로 할 때나 그의 기도는 항상 똑같다는 것이다. 즉, 그는 단순하고, 직접적이고, 대화하는 듯한 어조로 기도한다. 그 깨달음이 하나님은 내 기도를 들어주시며 친구들끼리 길거리에서 만나서 서로 이야기하는 것처럼 하나님도 나와 이야기하기를 원하신다는 사실을 인식케 함으로서 나는 자유하게 되었다.

웹스터 사전에 의하면 유산이란 "① 유서에 의해서 남겨진 어떤 것(유물), ② 조상이나 초창기로부터 전수되거나 유래되어진 어떤 것"이라고 정의되어 있다. 내가 오늘 당신에게 단언하는 것은 엘라 할머니와 어머니이신 룻, 윌리스와 빌리 그래함, 그리고 척 스미스 이 모든 분들이 가장 귀한 것을 나에게 선물로 전수해 주었다는 것이다.

세상에서 가장 귀한 것을 선물로 전수 받은 나, 그 무엇과 바꿀 수 없는 소중한 유산을 가진 자로서 이제 당신에게 도전하고 싶은 말이 있다. 나는 그 한마디의 말로 "기도와 사랑에 빠져라!"의 결론을 내리고 싶다.

"당신도 당신의 사랑하는 사람을 위하여 기도의 유산을 남기지 않겠는가?"

결론

기도와 사랑에 빠져라
그러면 하나님과 사랑에 빠진다

당신이 이 책을 끝까지 읽으면서 아마도 한 가지 정도 궁금증이 있을 것이다. 내가 이 책에서 묘사했던 것처럼 과연 새롭고도 신선한 방법으로 당신도 하나님을 경험할 수 있을까라고 궁금해 할 것이다. 그것은 가능할 뿐만이 아니라 당신을 위한 하나님의 뜻이요 계획이며 그분의 열망이 성취되도록 하나님은 당신을 도와주실 것이라고 나는 확신한다.

당신이 하나님께서 그렇게 하도록 허락한다면 당신 안에 계신 성령이 능력으로 당신에게 기도와 사랑에 빠지게 할 것이다. 일단 그러한 일이 일어난다면 당신은 기도를 "일하는 작업"이라든가 "직장에 출근도장 찍듯이 하는" 그런 기도로 절대 느끼지 않을 것이다. 당신의 기도 시간은 가장 중요하고, 가장 생산적이며, (놀라울 정도로) 가장 기쁜 시간이 될 것이다.

일단 당신이 기도와 사랑에 빠진다면 하나님과 사랑에 빠지는 것은 너무 쉽고, 너무 자연스럽게 될 것이다. 그렇게 됨으로써 당신의 믿음은 더욱더 당신의 친구와 가족과 동료 교인과 이웃과 직장동료들과 아는 사람들에게 전염될 것이다. 당신 인생에 관한 모든 것이 보다 좋은 방향으로 급진적으로 변화될 것이다.

그러면 당신은 기도와 사랑에 빠지는 것에서 오는 그 기쁨은 세상 어느 곳에서도 비교할 수 없다는 의미가 무슨 말인지를 이해하게 될 것이다.

NexStep

기도와 사랑에 빠져라

개인적 묵상과 그룹 토의를 위한 스터디 가이드

케이드 월(Keith Wall) 저

Study Guide

기도와 사랑에 빠져라

만약 한 단어로 당신의 기도생활을 묘사하라고 한다면 당신은 어떤 단어를 선택하겠는가? 흥분? 흐릿함? 짜릿함? 평범함?

이 책은 기도는 위대한 모험이 될 수 있고 - 되어야 한다고 - 지적함으로서 시작하고 있다. 기도는 경외심, 들뜸, 넓게 보는 기대감으로 우리를 채워준다. 기도는 예측할 수 없는 상황에서 하나님이 다음에 어떤 일을 하실 것인가를 기대하면서 흥분의 맨 끝자락에서 우리의 삶에 스며들어야한다.

결국 기도는 하늘의 권능의 근원을 접촉하게 해주는 통로이다. 기도는 우주의 창조주와 의사소통 할 수 있는 명예요 특권이다. 무엇보다도 기도는 우리 아버지와 사랑의 관계를 경작하는 도구이다. 이것보다 더 경이로운 것이 무엇이 있겠는가?

사도행전에서 우리는 다음의 놀라운 설명을 볼 수 있다. "빌기를 다하매 모인 곳이 진동하더니 무리가 다 성령이 충만하여 담대히 하나님의 말씀을 전하니라"(행 4:31) 우리의 기도생활이 되기를 원하는 것이 이와 같은 것 아니겠는가? 우리의 기도가 그러한 진동과 생명력으로 가득 채워져서 개인적

삶과 우리 공동체와 우리 교회를 진동하기를 원하는 것이 아니겠는가?

현재 리더십의 영향력 있는 저자인 존 맥스웰(John Maxwell)은 이렇게 말하고 있다. "오늘날 교회가 결여되어 있는 '폭발 뇌관'은 기도이다. 기도는 복음의 다이너마이트를 점화하여 세계를 강력하게 진동시키는 힘이다." 교회에서 진리인 것은 개인 신자들에게도 진리이다. 당신의 기도생활에 불꽃이 일어날 때 성령의 놀라운 사역을 점화할 수 있을 것이다.

다음의 스터디 지침서의 의도는 - 사실 이 책 전체의 의도이지만 - 하나님의 권능이 당신 삶의 모든 측면을 혁명화 할 수 있도록 당신의 기도생활을 풍성케 하고, 생동력 넘치게 하며, 담대하게 하는 것이 될 것이다.

여러 가지 질문들은 개인이나 그룹에서 사용할 수 있도록 고안되었다. 이 지침서는 개인 경건 생활이나, 기도 동역자와 함께 성경공부 시에 또는 주일학교 교재로 사용할 수 있다. 당신이 이 교재를 어떤 스터디로 이용한다 할지라도 전능하시고 사랑 많으신 하나님과 의사소통하는 것이 무슨 의미인가를 깊고 충만하게 이해할 수 있기를 바란다.

1 기도의 놀라운 특권

1. 이 책 전체에 흐르는 개념은 다음 문장으로 요약 될 수 있다. "만약 당신이 기도와 사랑에 빠진다면 하나님과 사랑에 빠지게 될 것이다." 당신은 왜 하나님과 사랑의 관계를 경작하는데 있어서 기도가 그렇게도 중요하다고 생각하는가?

2. 제1장에서 가장 기본적인 요점 중의 하나는 영적 각성을 가져 온다는 것이다. 당신은 기도의 결과로서 - 당신이 분명하게, 통찰력 있게, 지시 또는 안내를 받을 때 전등불의 순간처럼 - 각성된 적이 있었는가?

3. 제1장에서 또 다른 중요한 요점은 기도는 영적 성장을 이끈다는 것이다. 당신은 왜 기도와 영적 성숙이 상호연결 되어 있다고 생각하는가? 사람이 강력한 기도생활 없이 영적으로 성장하는 것이 가능할까?

4. 왜 우리는 때때로 기도를 생각할 때 기쁨보다는 해야 할 의무로, 특권보다는 책임이라고 생각하는가? 어떻게 하면 당신의 기도

생활을 좀더 기쁘고 즐겁게 우러나게 할 수 있을까? 다가오는 몇 주나 몇 달 안에 기도의 영역 중에 어떻게 특별히 성장할 수 있을까?

5. 제1장에서 위대한 구약성경의 인물인 에녹이 300년 동안 "하나님과 동행했다"고 배웠다. 그리고 "동행하다"라는 히브리어는 "습관적으로 계속하다"라는 의미라는 것을 배웠다. 당신은 하나님과 오랫동안 동행한 사람을 알고 있는가? 어떤 자질이나 훈련이 해마다 수십 년마다 그들의 믿음을 "습관적으로 계속하게" 해주는 것일까?

6. 사도 바울은 이렇게 썼다. "아무것도 염려하지 말고 오직 모든 일에 기도와 간구로 너희 구할 것을 감사함으로 하나님께 아뢰라 그리하면 모든 지각에 뛰어난 하나님의 평강이 그리스도 예수 안에서 너희 마음과 생각을 지키시리라"(빌 4:6~7) 때때로 왜 우리가 하나님께 드리는 우리의 모든 간구가 실패할까? 왜 사도 바울은 그의 가르침의 일부로서 의도적으로 "감사함"을 포함시켰을까? 예수님이 우리의 마음과 정신을 "지키신다"는 것은 무슨 의미일까?

2 왕과 대화하기

1. 하나님은 어느 때나 그의 자녀들과 대화하기를 기다리신다면 종종 하나님과의 대화를 막는 것은 특별히 무엇일까?

2. 마이크(Mike)는 "왕께서는 우리와 대화하기 위하여 준비하시고 기꺼이 기다리신다는 사실을 우리는 알고 있다. 그러나 하나님과 같이 있게 못하게 하는 많은 산만함이 있다는 것은 놀라운 일이다" 라고 말하였다. 당신의 삶 속에서 하나님과 멀리 떨어지게 하는 산만함은 무엇인가?

3. 제2장에서는 루이스(C. S. Lewis)의 인용문을 포함하고 있다. "우리는 우리 안에 있어야 할 것이 아닌 있는 그대로를 하나님께 드려야 한다." 당신은 하나님께 완전히 정직하고 순수한 모습을 보인 적이 있는가? 당신이 하나님 앞에 보다 더 공개적이고 쉽게 다가갈 수 있게 하는 것은 무엇일까?

4. 제2장에서 또 다른 인용문은 스펄전(C. H. Spurgeon)의 것인데 그는 "우리는 아들이 아버지에게 말하듯이 우리의 마음으로부터

하나님과 대화해야 한다"라고 말하였다. 당신은 이런 식으로 하나님과 대화한다고 생각하는가? 아버지와의 관계가 하나님께 접근하는데 있어서 도움이 되는가? 아니면 방해가 되는가(즉, 당신의 아버지는 은혜롭거나 비판적이거나 부드럽거나 엄격할 수 있다)?

5. 마이크에 의하면, "하나님은 당신의 관심에 소리 지르거나 악을 쓰지 않을 것이다. … 당신은 마음 깊은 곳에서 갈망과 갈구함을 느낀다. 당신은 하나님의 손이 여러분의 어깨에 내려놓는 무게를 느낀다." 당신은 이와 같은 경험을 한 적이 있는가? 당신은 하나님께서 당신의 마음을 어루만지며, 당신의 어깨에 손을 대는 것을 느낀 적이 있는가? 특별한 상황은 어떤 것이 있는가?

6. 시편 기자는 이렇게 선포하고 있다. "지존하신 여호와는 엄위하시고 온 땅에 큰 임군이 되심이로다"(시편 47:2) 당신이 자유롭게 만왕의 왕께 접근할 수 있다고 어떻게 느낄 수 있는가? 우주의 창조주가 당신과 열렬히 대화하기를 원한다는 사실은 당신 자신을 바라보는 방식에 어떻게 변화를 줄 수 있겠는가?

3 기도를 할 것이냐 말 것이냐?

1. 성경에 기도에 관한 많은 언급이 있다는 것은 이 규율(discipline)이 하나님께 대단히 중요하다는 것이다. 왜 하나님의 말씀이 그토록 기도를 강조하고 있다고 생각하는가? 우리의 삶에 있어서 기도의 우선적인 목적은 무엇일까?

2. 제3장에서 마이크는 "하나님이 우리의 삶을 향한 의도는 그의 형상대로 우리를 계속 만드는 것이다"라고 말하였다. 하나님은 이것을 성취하기 위하여 어떻게 기도를 사용하실까? 하나님이 그의 형상으로 빚기 위한 다른 방식은 무엇일까?

3. 마이크는 자신이 크리스쳔이 되기 전 하나님을 찾는 이야기를 전하며 이렇게 외쳤다고 하였다. "하나님! 나는 하나님의 도움이 필요합니다. 하나님 거기 계십니까? 하나님 듣고 계십니까?" 하나님이 당신의 기도를 진정으로 듣고 있는지 이런 유사한 경험을 한 적이 있는가? 당신이 끊임없이 기도함에도 불구하고 하나님이 침묵을 지킨다고 생각해보라. 그러면 당신의 생각과 느낌은 어떤 것일까?

4. 신약성경의 저자인 야고보는 말하기를 우리의 간구는 개인적인 욕망으로 기도할 때 응답되지 않는다고 이야기하고 있다. "여기 지금"이라는 의미는 무엇인가? 우리 기도의 동기가 순수하고 옳은지 어떻게 알 수 있을까?

5. 당신은 진실 되고, 공개적이고, 풍성한 하나님과의 지속적인 대화를 유지하고 있는가? 아니면 당신이 기도하기 위하여 절망적인 상황을 갖고 있는가? 당신이 지속적으로 더 많은 기도의 필요성을 느낀다면 이것을 성취하기 위한 실제적인 방법은 무엇일까?

6. 예수님은 이렇게 말하셨다. "내가 진실로 진실로 너희에게 이르노니 너희가 무엇이든지 아버지께 구하는 것을 내 이름으로 주시리라 지금까지는 너희가 내 이름으로 아무것도 구하지 아니하였으나 구하라 그리하면 받으리니 너희 기쁨이 충만하리라"(요 16:23~24) 당신은 하나님께 무엇이든지 구할 때 주저하고 있지는 않은가? 그렇다면 그 이유가 무엇인가? 왜 예수님은 내 이름으로 구할 것에 대한 중요성을 강조하셨을까?

4 기도의 우선권

1. 제4장에서 마이크는 빌리 그래함 목사님께 강한 기도생활을 발전시키기 위한 그 비결이 무엇이냐고 물어보았다. 이 위대한 복음주의 운동가는 두 단어로 대답해 주었다. "끊임없이 기도하라." 당신은 끊임없이 기도하라는 것이 정확하게 무엇이라고 생각하는가? 이것을 당신이 할 수 있는 것이라고 생각하는가?

2. 제4장에서는 무디의 말을 인용하면서 시작하고 있다. 이 문장을 이렇게 의역할 수 있다. "만약 당신이 너무 바빠서 기도할 수 없다면 그렇다면 당신은 너무 바쁜 것이다." 당신은 기도를 위한 시간을 만들지 못할 정도로 엄청난 스케줄을 자주 발견하고 있는가? 당신의 짐을 가볍게 하고 기도를 위한 더 많은 자유로운 기도 시간을 갖기 위하여 뭔가 특별한 방법은 무엇일까?

3. 오늘날과 같이 분주한 사회에서 많은 크리스천은 기도를 하나의 업무라고 본다. 즉, 기도는 가치 있지만 완성될 필요가 있는 일이나 당일 날 해야 할 일중의 하나로 여긴다. 그러나 마이크는 이렇게 말하고 있다. "기도는 우리가 하는 모든 일에 기초요 근본으로 봐야

한다." 당신의 기도생활은 이 원리를 반영하고 있는가? 당신은 모든 것에 관해서 기도하는가? 아니면 큰 것에만 기도하는가? 기도에 관한 당신의 개인적 견해는 이것에 대해서 무엇이라고 생각하는가?

4. 마이크는 존 웨슬리 어머니의 이야기를 해주었다. 그녀는 많은 자녀들과 목사인 남편으로 인해 대단히 분주했다. 그녀가 힘이 다 빠지고 지쳤을 때 그녀는 행주치마를 머리 위에 덮어쓰고 앉아서 기도했다.

당신에게 가해진 짐과 스트레스를 느낄 때 당신의 첫 번째 충동은 무엇인가? 당신이 포위당했음을 느낄 때 (주차장, 자동차, 특별한 방 등) 기도를 위해 탈출할 장소가 있는가? 당신의 삶을 통하여 상황이 어려울 때 기도는 첫 번째인가? 아니면 마지막 수단인가?

5. 사람들은 때때로 문제나 위기를 경험할 때 이렇게 말한다. "나는 기도할 시간이 없어." 마이크는 이렇게 응답한다. "사실상 우리는 기도하지 않을 시간이 없다." 당신의 삶 속에서 이것이 무슨 의미인가?

6. 우리는 마가복음 1장 35절에서 "새벽 오히려 미명에 예수께서 일어나 나가 한적한 곳으로 가사 거기서 기도하시더니"라는 말씀을 읽을 수 있다. 왜 예수님은 기도하기 위해서 홀로 떠나실 필요가 있었을까? 당신은 지속적이며, 묵상하며 기도하기 위한 시간이나 장소를 가지고 있는가? 예수님의 예로부터 당신의 기도생활에 적용할 것은 무엇인가?

5 기도와 믿음을 쌓아가는 벽돌

  1. 제5장은 하나님께서 믿음을 성장시키는 요소를 경험들과 사건들, 사람들을 건물 짓는 벽돌로 말하고 있다. 당신의 영적인 성장과 성숙을 키워주는데 영향을 준 중요한 요소는 무엇인가?

  2. 앞의 질문에 이어 하나님께서 당신의 기도생활을 성장시키고 깊게 하는데 하나님이 사용하신 쌓는 벽돌은 무엇인가?

  3. 마이크는 "만약 당신이 기도의 사람이 되기로 헌신한다면 당신은 인격적으로 성숙하며 새롭고 역동적인 영적인 생활을 착수하는데 사용될 수 있다"라고 말하였다. 당신이 제한이나 한계가 없는 "큰 꿈"을 꾼다면 미래에 하나님이 당신을 어떻게 사용하시기를 바라는가?

  4. 하나님은 다른 사람의 삶 속에 건물 짓는 재료로 당신을 사용하고 계시는가? 과거에 하나님께서 다른 사람에게 영향을 주는데 당신의 어떤 기술과 능력 또는 자질을 사용하셨는가? 어떤 방식으로 당신은 당신과 접촉하고 있는 사람들에게 보다 잘 섬기도록 격려

할 수 있을까?

5. 제5장에서 마이크는 어떻게 하나님께서 놀라운 방법으로 기도에 응답하셨는지를 많은 이야기를 통해서 말해주고 있다. 당신이 받은 놀라운 개인적인 기도의 응답을 회상해보라. 특별한 상황은 무엇이었는가? 하나님의 분명한 간섭의 표시인 기적이라고 느껴지는 요소가 당신의 삶 속에 일어난 적이 있는가?

6. 마이크는 시편 32편 8절을 언급하며 그 중요성을 강조하였다. "내가 너의 갈 길을 가르쳐 보이고 너를 주목하여 훈계하리로다" 하나님이 당신의 인생을 인도하시고 지시하는 특별한 방법을 생각해 보았는가? 하나님은 어떻게 당신을 인도하시는가(다른 사람의 말들, 성경구절들, 설교들, 강한 내적인 충동 등)?

6 제단에서의 우리의 기도

1. 제6장에서 마이크는 "제단이란 하나님과 희생을 드리는 거룩한 장소이며 하나님과 만남이 이루어지는 거룩한 장소이다"라고 묘사했다. 당신이 기도할 때 당신은 하나님과의 만남을 특별하고 거룩한 장소로 마음에 그리는가? 당신이 기도할 때 당신의 마음속에는 정확히 어떤 그림을 그리고 있는가?

2. 당신은 오로지 하나님만이 해결해 줄 수 있는 그 어떤 것을 "제단에 올려놓는" 특별한 기도나 상황을 가진 적이 있는가? 그것은 어떻게 되었는가?

3. 마이크는 우리에게 "아브라함은 하나님의 연기하심이 하나님의 부인하심이 아니라는 것을 배웠다"라고 말하고 있다. 당신은 하나님으로부터 응답을 받기 위하여 몇 달이나 몇 년을 기다린 적이 있는가? 그 상황의 특별한 것은 어떤 것이었는가? 그 기다리는 시간은 어떠했는가?

4. 아브라함은 신선하고 깨끗한 제단으로 하나님께 예배하기를

원했다. 즉, 다른 사람의 제단도 아니요, 사악한 관습에 의해서 더럽혀진 제단이 아닌 것으로 바치기를 원했다. 흠도 없고 더럽혀지지 않은 제단에서 하나님과 만난다는 것은 무슨 의미라고 생각하는가? 어떻게 우리 마음속에 신선하고 깨끗한 제단을 유지할 수 있을까?

5. 마이크는 "제단은 호흡을 잠시 멈추고 하나님을 찾는 안식처일 뿐만 아니라 기도 문제를 위한 안식처이기도 하다"라고 말하였다. 기도를 하나님의 손에 전적으로 맡기는 것이 당신에게는 어려운가, 아니면 쉬운가? 당신의 기도 제목을 하나님께 100퍼센트 신뢰하지 못하도록 하는 것은 무엇인가?

6. 사도 바울은 "그러므로 형제들아 내가 하나님의 모든 자비하심으로 너희를 권하노니 너희 몸을 하나님이 기뻐하시는 거룩한 산 제사로 드리라 이는 너희의 드릴 영적 예배니라"(롬 12:1)고 말하였다. "산 제물"이란 것이 무슨 의미라고 생각하는가? 사도 바울은 "산 제물"이 되는 것은 "영적 예배"라고 말했는데 그 의미는 무엇인가?

7 합심기도의 위력

1. 제7장에서 마이크는 "1세기에서 21세기 사이 어느 때 교회라는 단어가 그 실제 의미를 잃고 사람들이 하나님을 알지 못하도록 본질을 잃었다"라고 말하였다. 당신은 여기에 동의하는가? 만약 그렇다면 교회가 원래의 의도와 의미를 어떻게 잃은 것일까?

2. 마이크는 "그러나 하나님은"이라는 단어가 킹 제임스 성경(King James Bible)에 모두 50번 나온다고 지적하였다. 이 말은 하나님은 뭔가 놀랍고 예기치 못한 일을 하신다는 것이다. 당신의 "그러나 하나님은"이라는 경험을 생각해보라. 어떻게 하나님이 당신을 놀라게 하셨는가? 어떤 방식으로 하나님은 당신의 삶 속에 예기치 못한 일을 하셨는가?

3. 마이크는 창녀이야기를 해주고 있다. 그녀는 어렸을 때 수녀가 되기를 꿈꿨다고 얘기했다. 그녀의 어머니는 "하나님은 너같이 나쁜 아이는 원하지 않으셔!"라고 말했다. "하나님은 좋은 사람만을 원한다"라고 함축하거나 강조하는 교인이나 교회를 만나본 적이 있는가? 왜 때때로 교회들은 가지각색의 과거를 가진 사람을 환영하

고 포용하는데 주저할까?

4. 당신은 지속적인 기초 하에 다른 사람들을 위하여 최근에 기도하고 있는가? 만약 그렇다면 그 경험을 통하여 어떻게 당신은 성장했는가? 그렇지 않다면 당신의 친구들과 기도 모임을 형성하거나 또는 다른 기도 모임을 어떻게 시작할 수 있는가?

5. 사도행전 4장 31절에 보면 이렇게 말하고 있다. "빌기를 다하매 모인 곳이 진동하더니 무리가 다 성령이 충만하여 담대히 하나님의 말씀을 전하니라" 당신은 기도의 직접적 결과로써 성령의 역사를 목격한 적이 있는가? 당신의 교회나 기도 모임이 성령으로 충만한 적을 느낀 적이 있는가?

6. 마태복음 18장 20절에 보면 이렇게 말하고 있다. "두 세 사람이 내 이름으로 모인 곳에는 나도 그들 중에 있느니라" 하나님은 분명히 개인들과 함께 계신다. 그리고 홀로 기도하는 사람들의 기도를 들으신다. 그러면 왜 예수님께서는 함께 기도하는 믿는 자들의 모임을 중요하다고 하셨을까? 공동체로써 사람들을 기도하도록 촉구하시는 하나님의 목적은 무엇이라 생각하는가?

8 기도로 성장하기

1. 어떤 사람이 당신의 기도생활에 가장 영향을 끼쳤는가? 어떻게 영향을 주었는가?

2. 마이크는 "반사적인 기도"라고 불리는 자신이 사용하는 방법을 언급하고 있다. 이 말은 나중에 하겠다고 약속하기보다는 (그러다가 잊어버릴 수가 있기 때문에) 즉석에서 어떤 사람을 위하여 기도하는 것을 말한다. 이 접근 방법에 대해서 어떻게 생각하는가? 왜 많은 사람들이 어떤 사람들을 위하여 약속하고선 나중에 잊어먹는가? 당신의 기도생활에 도움이 될 수 있는 다른 방법을 발견한 적이 있는가?

3. 기도의 어떤 측면이 당신에게 있어서 가장 힘든 부분인가(지속성, 하나님의 음성을 듣기, 하나님께 당신의 감정을 표현하기, 소원제목을 내놓는 것보다 더한 것을 함)? 다가오는 몇 주일 또는 몇 달 동안 당신은 이 부분에서 어떻게 성장할 수 있는가?

4. 당신의 영적인 삶에 있어서 어떤 방식이 가장 성장하게 하는

가? 나쁜 습관 또는 잘못된 성격의 특징들을 극복하거나 향상한 적은 있는가?

5. 마이크는 "잠을 잘 자게 해 주세요"나 "음식에 축복해 주세요" 등과 같은 상투적이고 반복적인 기도를 넘어서서 성장해야 한다고 말하였다. 우리의 기도생활은 풍성하고, 충만하고, 기뻐서, 하늘의 아버지와 이야기하는 것처럼 성장해야한다. 왜 우리는 때때로 진부하고 지루한 기도로 빠져 들어가는가? 어떻게 당신의 기도가 지루하거나 평범한 것에서 극복할 수 있을까?

6. 야고보서 5장 16절에 보면 이렇게 말하고 있다. "이러므로 너희 죄를 서로 고하며 병 낫기를 위하여 서로 기도하라 의인의 기도는 역사하는 힘이 많으니라" 왜 우리는 때때로 주안에 있는 형제자매들에게 "우리 죄를 고백"하는 것을 주저할까? 이 구절은 기도와 치유 사이의 연결을 명백히 하고 있다. 육체적인, 감정적인, 영적인 면 중에서 당신의 삶의 어떤 부분이 치료받아야 하는가? 당신의 단점을 다른 사람에게 자유롭게 고백함으로써 공개함과 용납함이라는 정신을 어떻게 육성할 수 있을까?

9　올바른 태도로 기도하기

　1. 제9장에서는 마이크가 루마니아를 방문한 이야기로 시작한다. 루마니아는 타락한 지도자의 손아귀에 있었다. 마이크는 절망적인 삶의 생활 조건에도 불구하고 그를 접대한 사람의 순수한 믿음과 감사함에 겸손해 질 수밖에 없었고 은혜를 받았다고 했다. 당신은 어려운 상황에도 불구하고 기쁨과 믿음을 나타내는 신앙인을 주변에서 본적이 있는가? 어떻게 그 경험이 당신의 믿음을 굳건히 해주었는가?

　2. 미국과 다른 서부 나라들은 풍요로운 물질적인 안락함, 여러 가지의 기회 등으로 축복 받았다(비록 이 나라에서도 많은 사람들이 먹고사느라고 투쟁하고 있지만). 이러한 번창함이 복음의 확산을 어떤 방식으로 막고 있는가? 어떤 방법으로 이것에 도움을 줄 수 있겠는가? 미국의 크리스천들이 가난한 나라의 신자들에게 무엇을 배워야 하는가?

　3. 축복과 번창함을 위하여 기도하는 것이 잘못이라고 생각하는가? 왜 그러는가? 또는 왜 그렇지 않는가?

4. 마이크는 이렇게 말하고 있다. "오늘날 교회에는 적으로부터 산만함을 가져오게 하는 많은 얕은 교리들이 있다. 이 산만함들은 사람들로 하여금 영적인 열매를 맺지 못하게 한다." 복음의 진리를 경시하게 만드는 오늘날 크리스천들 가운데 인기 있는 교리들이나 신념은 무엇이 있을까? 우리는 어떻게 거짓되고 잘못 인도된 교리들 가운데 바로 설 수 있는가?

5. 마이크는 육체적인 축복(새 자동차, 큰집, 더 좋은 직장)과 영적인 축복(복음을 나눌 수 있는 기회, 당신의 재능과 은사를 사용하는 새로운 방법들, 성장을 가져오게 하는 경험들)을 구분하고 있다. 앞으로 몇 달 안에 어떤 영적인 축복을 위하여 당신은 기도하고 싶은가?

6. 예수님은 제자들에게 이렇게 말씀하셨다. "삼가 모든 탐심을 물리치라 사람의 생명이 그 소유의 넉넉한데 있지 아니하니라"(눅 12:15) 예수님의 하신 말씀의 의미가 무엇인가? 어떤 방식으로 우리의 물질적인 서구 문명이 예수님의 본뜻과 상충되는가? 어떻게 당신은 예수님의 말씀을 당신의 삶 속에 적용할 수 있는가?

10　개인기도는 이뤄진다

1. 어떤 방식으로 기도는 당신과 당신의 가족에게 이루어 졌는가? 어떤 기도 제목을 하나님이 응답해 주셨는가? 어떻게 당신의 기도생활이 당신과 다른 사람에게 축복이 되었는가?

2. 제10장에서 마이크는 이렇게 말하고 있다. "기도는 개인적으로 성취된다. 그러나 우리가 어떤 성취를 기대하느냐에 달려 있다." 당신의 기도가 예기치 않은 방식으로 응답된 적이 있었는가? 왜 하나님은 때때로 우리가 원하는 그런 방식으로 우리 기도를 응답하지 않으실까?

3. 욥은 자녀들을 위해서 정기적으로 기도했다. 그들의 마음이 순결함을 위하여 기도했다(욥 1:4~5). 당신의 가족이나 친구들 또는 아는 사람들 중에서 누가 계속적으로 기도하는가? 특별히 어떤 사람을 위하여 무엇 때문에 기도하는가?

4. 마이크는 자녀들과 태어나지도 않은 미래의 손자들까지도 위해서 매일 기도하고 있다고 한다. 당신을 위해서 규칙적으로 기도하

고 있는 사람을 아는가? 그렇다면 당신의 삶에 어떤 영향을 끼쳤는가? 어떤 사람이 당신을 위하여 기도한다는 것을 알았을 때 당신의 기분은 어떠했는가?

5. 마이크는 시편 119편 28절을 인용하고 있다. "나의 영혼이 눌림을 인하여 녹사오니 주의 말씀대로 나를 세우소서" 그리고 그는 이렇게 말하고 있다. "만약 내가 당신의 의사라면 나는 당신에게 평화를 얻기 위하여 더욱 기도하고 더욱 하나님의 말씀을 보라는 처방전을 줄 것이다." 당신 스스로를 위하여 보다 큰 기쁨과 평안을 얻기 위한 처방전에 포함되어야 할 항목은 무엇이라고 생각하는가?

6. 예수님은 이렇게 말씀하셨다. "구하라 그리하면 받으리니 너희 기쁨이 충만하리라"(요 16:23~24) 우리가 이 말씀을 문자적으로 받아드려야 한다고 생각하는가? 즉, 우리가 무엇을 구하든지 얻을 것이라는 말인가? 아니면 예수님이 시적으로 말씀하신 것으로 생각해야 하는가? "너희 기쁨이 충만하리라"는 이 말씀은 당신에게 어떤 의미를 주는가?

11 기도의 영원한 가치

1. 우리는 종종 지금 당장 우리의 필요(매일의 필요한 것들)에 너무 초점을 맞춘다. 그래서 우리는 때때로 우리가 향해 가야 하는 약속의 땅에 대해서 잊어버린다. 당신은 하늘에 관하여 더 많이 생각하는가? 당신은 이 세상을 떠나 하나님의 나라에 들어갈 것을 기대하는가?

2. 제11장에서는 스펄전 목사님의 말을 인용하고 있다. "시간은 짧다. 영원은 길다. 짧은 인생이 영원의 빛 안에서 사는 것만이 합리적이다." 영원의 빛에서 보다 잘 살기 위하여 당신의 태도와 행동에 어떤 변화를 가져야만 하는가?

3. 당신은 당신의 일생에 사명감이나 목적을 분명히 아는가? 당신은 특별한 방향으로 향해 가는가? 당신은 당신의 사명을 분명하고도 간결하게 말할 수 있는가? 당신의 독특한 소명에 관해서 확신이 없다면 어떻게 더 분명하게 알 수 있겠는가?

4. 지상의 삶의 끝을 향해 가면서 예수님은 하늘에 계신 아버지께

이렇게 말씀하셨다. "아버지께서 내게 하라고 주신 일을 내가 이루어 아버지를 이 세상에서 영화롭게 하였사오니"(요 17:4) 만약 당신이 지금 당장 죽는다면 "예! 하나님! 저는 저의 임무를 완성했어요. 하나님이 나에게 주신 목적을 다 수행했어요"라고 정직하게 말할 수 있는가? 그렇지 않다면 그렇게 말하기 위하여 당신에게는 어떤 변화가 필요한가?

5. 예수님은 지구라고 불리는 이 세상이 우리의 고향이 아니라고 상기시켜 주신다. "내가 세상에 속하지 아니함 같이 저희도 세상에 속하지 아니함을 인함이니이다"(요 17:14) 우리는 왜 종종 이 세상에 뿌리박고 집착함을 느끼는가? 삶과 죽음을 향한 영원한 관점을 성장시키는 요소는 무엇이 있을까?

6. 사도 바울은 이렇게 말하고 있다. "이는 내게 사는 것이 그리스도니 죽는 것도 유익함이니라 … 내가 그 두 사이에 끼였으니 떠나서 그리스도와 함께 있을 욕망을 가진 이것이 더욱 좋으나 그러나 내가 육신에 거하는 것이 너희를 위하여 더 유익하리라"(빌 1:21, 23~24) 당신은 이 말씀을 받아들이는가? "내게 죽는 것도 유익하다"라는 말씀을 무엇으로 동의할 수 있는가?

12　기도의 유산

1. 제12장에서 마이크는 그가 알고 있는 존경하는 기도 용사들에 관한 이야기를 펼치고 있다. 당신은 기도 용사로 알려진 사람을 알고 있는가? 그들은 왜 기도의 용사인가?

2. 마이크는 이렇게 말하고 있다. "어떤 사람을 사랑한다는 것은 그 사람을 위하여 우리가 얼마나 기도하고 있느냐로 측정할 수 있다." 당신은 이 말에 동의하는가? 그렇지 않다면 당신이 가장 많이 기도하고 있는 사람은 누구인가?

3. 제11장에서는 유명한 성경교사인 맥기에 관하여 말하고 있다. 그는 "쉬지 말고 기도하라"는 말을 이렇게 묘사했다. "이 말은 사람이 하루 종일 무릎 꿇고 기도하라는 말로 생각지는 않는다. 이 말은 정기적으로 기도 할 것과 기도의 자세에 있어서 지속성을 의미한다." 기도의 자세란 무엇을 의미하는가? 당신에게 이러한 기도의 자세가 없다면 이 자세를 어떻게 개발할 수 있겠는가?

4. 기도와 사랑에 빠지는 것은 기도하는 것을 "보여 주거나" "시

간마다 출근 도장을 찍어야 한다"는 것을 의미하지 않는다. 이번 주에 당신의 기도생활이 잡일이 되지 않게 하려면 어떻게 해야 하겠는가? 하나님과의 의사소통을 깊이 있고 풍성하게 하기 위하여 당신은 어떤 창조적인 생각을 이행해야 하는가?

5. 마이크에 의하면 중보기도의 가장 좋은 개념은 어떤 사람을 위하여 "무너진데 서 있는 것"이다. 우리는 많은 사람이 하나님으로부터 멀리 떨어져 있다는 것을 알고 있다. 앞으로 수 주, 그리고 수개월 동안 당신은 누구를 위하여 "무너진데 서 있겠는가?" 어떤 사람이나 어떤 사람들을 위해 기도에 헌신하겠는가?

6. 사도 바울은 이렇게 말하고 있다. "항상 기뻐하라 쉬지 말고 기도하라 범사에 감사하라 이는 그리스도 예수 안에서 너희를 향하신 하나님의 뜻이니라 성령을 소멸치 말며"(살전 5:16~19) "성령을 소멸치 말라"는 의미가 무엇이라 생각하는가? 우리가 어떻게 성령의 불을 끄는 대신에 점화시킬 수 있겠는가?

참고문헌

Easton, M. G. 1983. The Illustrated Bible Dictionary. Eugene, Ore.: Harvest House Publishers.

Graham, Judith. "Phone calls to God are bedeviling." Chicago Tribune, 29 May 2003.

Guest, John and R. C. Sproul, Jr. 1992. Finding Deeper Intimacy with God: Only a Prayer Away. Grand Rapids, Mich.: Baker Book House.

Mann, Chester, and Dwight Lyman Moody. 1997. D. L. Moody-Soul Winner. Greenville, SC: Ambassador-Emerald Int.

Manning, Brennan. 2003. A Glimpse of Jesus. San Francisco: HarperSanFrancisco.

McGee, J. Vernon. 1983. Thru the Bible. Nashville: Thomas Nelson.

Miller, Basil. 1941. George Muller, Man of Faith and Miracles. Minneapolis, Minn.: Bethany House Publishers.

Orr, James, M. A., D. D., gen. ed. 1988. International Standard Bible Encyclopedia. Grand Rapids, Mich.: Wm. B. Eerdmans Publishing Company.

Sayers, Dorothy L. "Dorothy L. Sayers: Her Life and Soul." Christianity Today vol. 41 no. 11 (1998).

Strong, James. 1997. The New Strong's Exhaustive Concordance of the Bible. Nashville: Thomas Nelson.

Swindoll, Charles. 1998. Strengthening Your Grip. Waco, Tex.: Word Publishing Group.

Vine, W. E. 1996. Vine's Complete expository Dictionary of Old and New Testament Words. Nashville: Thomas Nelson, Inc.